Le chien révélé

DU MÊME AUTEUR

chez le même éditeur

La fête zoologique

Le chat révélé

Aux Éditions Grasset

Le singe nu

Le zoo humain

La magie du corps

DESMOND MORRIS

Le chien révélé

GUIDE ESSENTIEL
DU COMPORTEMENT DE VOTRE CHIEN

Traduit de l'anglais par
ÉDITH OCHS

Illustrations de
PAULA LE FLOUR

CALMANN-LÉVY

Titre original de l'ouvrage
DOGWATCHING

ISBN 2-7021-1608-6

Imprimé en France

Introduction

Dans l'histoire de l'humanité, seules deux espèces d'animaux se sont vu autoriser le libre accès de nos maisons : le chat et le chien. Il est vrai qu'en des temps reculés, il était fréquent d'amener dans la maison, pour la nuit, des animaux de ferme pour veiller sur la sécurité des dormeurs, mais ils étaient enfermés ou attachés. Il est également vrai qu'à une époque plus récente, une grande diversité d'espèces d'animaux de compagnie a été introduite sous nos toits – poissons d'aquarium, oiseaux en cage, reptiles en vivarium – mais tous étaient captifs, séparés de nous par du verre, du grillage ou des barreaux. Seuls chats et chiens se sont vu accorder l'autorisation d'errer d'une pièce à l'autre, d'aller et venir plus ou moins à leur gré. Nous avons, avec eux, une relation particulière, un contrat ancestral aux clauses très spécifiques.

Malheureusement, les termes de cet accord n'ont pas toujours été respectés, surtout par nous autres humains. Songer que chats et chiens sont plus fidèles, plus dignes de confiance, plus honnêtes que les hommes doit nous inciter à plus de modestie. Parfois, ils se retournent contre nous, nous griffent ou nous mordent, ou s'enfuient et nous quittent. Mais, lorsque cela se produit, il y a, presque toujours, un geste de stupidité ou de cruauté humaines caché, et qui en est la cause. La plupart du temps, ils remplissent sans défaillir leur part de l'antique marché que nous avons conclu avec eux, et la droiture de leur conduite nous fait honte.

Le contrat, passé entre l'homme et le chien, a plus de 10 000 ans. S'il avait été consigné par écrit, il aurait spécifié que le chien accomplirait pour nous certaines tâches, tandis que nous lui assurerions, en échange, la nourriture, ainsi qu'un abri, une compagnie et des soins. Les tâches qui lui furent confiées sont diverses et variées. Nous avons demandé aux chiens de garder nos maisons, de protéger nos personnes, de nous assister à la chasse, de détruire les animaux nuisibles et de tirer nos traîneaux. Dans des rôles plus spécialisés, ils ont été dressés pour ramasser des œufs d'oiseaux dans leur gueule sans en briser la coquille, localiser des truffes, flairer la drogue dans les aéroports, guider les aveugles, secourir les victimes des avalanches, suivre la trace de criminels évadés, disputer des courses, voyager dans l'espace, jouer dans des films et concourir dans des expositions canines.

De temps à autre, le chien fidèle a été réduit sans le vouloir à un niveau de barbarie humaine. Aujourd'hui, les « chiens de guerre » n'évoquent pour nous que des mercenaires humains : des hommes qui éprouvent une jouissance purement machiste à mutiler et à tuer à l'aide d'armes particulières. Mais c'était, à l'origine, de vrais chiens, entraînés à attaquer les premières lignes de l'armée ennemie. « Criez : " Destruction! " et lâchez les chiens de guerre », lance Marc-Antoine dans Shakespeare, et il ne s'agit pas là d'une figure de style. Les anciens Gaulois, de leur côté, envoyaient des chiens en armure, équipés de pesants colliers, hérissés de lames tranchantes comme des rasoirs. Ces animaux terrifiants, qui se jetaient en bondissant sur la cavalerie romaine, mettaient en lambeaux les jambes des chevaux.

On ne peut que regretter que les chiens de combat soient, aujourd'hui encore, présents parmi nous. Bien qu'interdits par la loi, les duels entre animaux spécialement entraînés offrent l'occasion, aux éléments les plus sanguinaires de la société, de jouer ou de se distraire avec sauvagerie. Ces matchs ont été contraints à la clandestinité, mais ils n'ont en aucun cas été éliminés.

Dans certains pays orientaux, la viande de chien constitue un plat raffiné. Mais cela n'a jamais fait partie des principales fonctions de la gent canine, et ce phénomène est en régression constante. Il semble avoir été surtout répandu en Chine, où le nom du chien comestible était le même que « manger » en argot : chow. Toutefois, dans la plupart des régions, les chiens échappaient à ce sort funeste en raison des nombreux services, autrement plus importants, qu'ils pouvaient assurer.

La formidable popularité des chiens dans les sociétés humaines s'est malheureusement traduite par une augmentation incessante du nombre de chiens errants. Dans certains pays, l'excédent canin s'est acquis la triste réputation d'une horde d'« éboueurs », propagatrice de maladies contagieuses, portant tort à tous les chiens en général. Les chiens parias du Moyen-Orient, en particulier, ont transformé en répugnance l'amitié des hommes à l'égard des chiens. Dans beaucoup de religions, la doctrine tient le chien pour « impur ». Au fil des siècles, le mot lui-même est devenu un terme de mépris : sale chien, maudit cabot, espèce de corniaud, et j'en passe.

Aujourd'hui encore, dans certains groupes ethniques, les enfants apprennent, conformément à l'ancienne tradition, à mépriser le chien. La survivance la plus tenace de cette attitude se trouve dans les cultures musulmanes. La rééducation, à travers le système scolaire, s'est révélée une rude bataille.

En Occident, on a assisté à une évolution plus propice. Comme les précédentes tâches assignées au chien avaient perdu de leur importance, un rôle nouveau s'est fait jour. Le chien de travail a largement cédé la place au chien d'intérieur. De vrais chiens de travail prospèrent encore dans plusieurs de leurs anciennes attributions, mais ils sont à présent beaucoup moins nombreux que les « chiens de compagnie ». Cette tendance est liée, en grande partie, au développement de l'homme urbain et suburbain et à l'extension des grandes villes. Dans ce nouveau milieu, peu de tâches peuvent être accomplies par le chien de travail, mais le lien entre l'homme et son compagnon est si fort qu'on ne peut envisager la vie de la famille humaine totalement dépourvue de l'élément canin. C'est pourquoi, depuis la révolution industrielle, nombre de nouvelles races ont été élaborées. Des standards de races ont été définis et des expositions canines organisées. Les concours entre chiens à pedigree sont devenus une affaire de gros sous.

Entre-temps, des milliers de bâtards sont apparus sur la scène. Des maîtres, qui désirent simplement un compagnon fidèle et affectueux, dédaignent souvent les races hautement spécialisées, leur reprochant d'être trop artificielles. Pour eux, les caractéristiques et qualités particulières de chacune sont poussées à des extrêmes inquiétants, et ils accusent les accouplements consanguins de donner un comportement difficile à ces animaux sélectionnés. Les éleveurs les plus réputés nient ces accusations et soutiennent que seul un chien cher, haut de gamme, aura la chance que l'on prenne suffisamment soin de ses besoins. Pour ces fins connaisseurs, les amateurs de bâtards représentent le premier doigt dans l'engrenage qui conduit aux chiens maltraités, abandonnés, aux lieux publics souillés, contribuant à la mauvaise réputation de cet animal. Si tous les chiens étaient de pure race, d'après eux, l'hostilité envers la gent canine disparaîtrait bientôt, et la société pourrait enfin apprécier ces précieux compagnons à leur juste valeur.

L'un et l'autre de ces points de vue contiennent quelque vérité. Certaines races à pedigree ont été poussées trop loin, de sorte que les chiens en question sont maintenant porteurs de tares et d'anomalies. Les chiens aux pattes très courtes et au corps très allongé sont prédisposés aux hernies discales. Ceux qui ont le museau aplati souffrent de difficultés respiratoires. D'autres sont atteints de troubles oculaires ou de malformations aux hanches. Malheureusement, ceux qui sont concernés par ces races suspectes ont tendance à en taire les défauts qui se sont multipliés au fil des ans, de peur que telle race particulière ne passe de mode. Cette attitude est on ne peut plus regrettable, de même que la tendance à une sélection poussée à l'extrême. Il y a une centaine d'années à peine, par exemple, le bulldog était un animal à pattes relativement longues, et le teckel avait un corps beaucoup plus court. Ce sont là deux races parmi une multitude d'autres chez lesquelles telle caractéristique a été progressivement accentuée, jusqu'au moment où cette évolution progressive a provoqué chez les chiens « affinés » de graves anomalies. Ce ne serait guère difficile de ramener, par des croisements, ces chiens et d'autres à leur état antérieur – en partie, du moins –

pour qu'ils ressemblent à nouveau au genre d'animaux qu'ils étaient dans les siècles passés, au temps où ils étaient encore capables de se comporter en bons chiens de travail. Ils n'y perdraient rien de leur charme et y gagneraient au contraire prodigieusement, sur le plan de la santé autant que de la forme. Cela suffirait en fait pour que tout rentre dans l'ordre dans le monde des chiens de race.

Le monde des bâtards, en revanche, est plus compliqué. Certes, des milliers de propriétaires traitent leur chien familier avec énormément de soins et de respect. Mais, en raison du peu de valeur commerciale de ces animaux, il arrive souvent aussi qu'ils soient victimes de mauvais traitements. Les portées de chiots sont cédées pour rien, voire simplement données pour s'en débarrasser, et sont ensuite maltraitées et abandonnées. Chaque année, les services de Battersea Dogs' Home, un refuge pour chiens à Londres, ramassent environ 20 000 chiens errants (le chiffre exact, en 1985, était 19 889, dont 76 pour cent de bâtards) [1]. Or, ce n'est là qu'une des organisations existantes. Si un grand nombre de ces chiens trouvent un nouveau foyer, un plus grand nombre encore doit être supprimé. On a évalué à 2 000 environ le nombre de chiens qui doivent être tués chaque jour, dans les seules îles Britanniques. On imagine difficilement comment une intervention directe pourrait modifier cette situation. L'unique espoir pour l'avenir réside, semble-t-il, dans une amélioration générale du comportement social envers la gent animale.

Autre croix que les chiens doivent endurer : c'est sur eux que se concentre une grande partie de l'agressivité

1. En France, le chiffre de chiens errants et abandonnés est de 100 000.

humaine et de la curiosité scientifique. Dans les deux cas, être chien veut dire souffrir. Les humains sont bien connus pour retourner leur agressivité vers celui qui se trouve en bas de l'échelle sociale. Le patron insulte ses adjoints, lesquels injurient leurs sous-fifres, qui à leur tour s'en prennent à leurs propres sous-fifres, et ainsi de suite, jusqu'au dernier échelon social – au pied duquel le fidèle Médor est assis. Lorsqu'il reçoit un coup de pied et des coups de fouet, le chien a du mal à concevoir que ces brutalités dont il fait l'objet ont peut-être commencé par une phrase cinglante lancée dans quelque lointain bureau de directeur, qui s'est ensuite répercutée d'un échelon à l'autre, gagnant à chaque fois un peu plus de force, pour aboutir finalement à ce glapissement atroce du chien. On a du mal à croire à certaines des punitions infligées aux chiens au bout du parcours. En Grande-Bretagne seulement, la RSPCA – la société protectrice des animaux – reçoit environ 40 000 plaintes chaque année pour actes de cruauté envers les chiens.

Tout aussi difficiles à croire, certains sévices, commis au nom de la recherche scientifique. Sous prétexte, en l'occurrence, que la douleur infligée nous aide à faire progresser la somme des connaissances humaines, on rompt sans vergogne l'ancien contrat qui nous lie aux chiens. Tout en trahissant la confiance qu'ils ont placée en nous comme membres de leur « meute », nous nous octroyons une bonne excuse en publiant des articles érudits sur nos découvertes. En réalité, l'immense majorité des expériences pénibles réalisées sur nos compagnons souffre-douleur n'a, en aucune circonstance, fait progresser les connaissances humaines d'une manière remarquable. Dans les premiers temps de la physiologie, de la médecine et de la zoologie, peut-être les enseignements que nous avons tirés de ces méthodes ont-ils eu quelque valeur. Mais, aujourd'hui, tel est rarement le cas. On devrait laisser le chien tranquille... ce qui, malheureusement, n'arrivera probablement jamais.

Cette réflexion me conduit à l'objet principal de cet ouvrage. Pourquoi ai-je voulu l'écrire? Pour démontrer que, par l'observation simple, directe, ou par des expériences relevant de l'observation pure, qui ne font aucun mal aux chiens concernés, il est possible de comprendre et d'apprécier, dans les plus grands et les plus surprenants détails, ces animaux remarquables. Ils ont tant à nous apporter! Lorsque nous sommes d'humeur à rire, ce sont des compagnons de jeu. Lorsque nous nous sentons seuls ou déprimés, ils se montrent des compagnons affectueux. Lorsqu'ils nous incitent à faire de longues promenades, grâce à eux, nous gardons la forme. Lorsque nous sommes énervés, que l'angoisse ou la tension nous tenaille, ils sont là pour nous apaiser. Loin de se contenter de cela, ils continuent d'assumer leurs fonctions séculaires, donnant l'alerte quand des intrus pénètrent sous notre toit, nous protégeant en cas d'attaque – pour ne parler que de deux de leurs rôles encore existants.

Les déséquilibrés, qui vouent une haine à l'espèce canine, ratent beaucoup de choses. Et ceux qui, en tout état de cause, n'y trouvent aucun intérêt, passent à côté d'une relation homme-animal merveilleusement enrichissante. Étant donné que ces gens-là n'auront sans doute jamais ce livre entre leurs mains, ils ne pourront pas se rendre compte d'un fait déconcertant : ceux qui ont des chiens (ou des chats, cette vérité s'applique dans les deux cas) vivent en moyenne plus vieux que ceux qui n'en ont pas.

Il ne s'agit pas là d'une divagation de la part de quelqu'un menant campagne en faveur des chiens. C'est une simple constatation médicale : la présence amicale d'un animal de compagnie exerce un effet apaisant qui réduit la pression sanguine et diminue les risques d'infarctus. Caresser un chat ou un chien, serrer contre soi un de ces compagnons à fourrure provoquent chez l'individu une détente qui s'attaque directement à la racine d'un certain nombre de maux culturels contemporains. Sous la pression de la vie urbaine contemporaine, où des considérations incessantes sont souvent complexes et exigent tout un ensemble de compromis contradictoires, beaucoup d'entre nous sont soumis à une tension et à un stress intenses. Par contraste, le contact amical d'un chien ou d'un chat familier suffit à nous rappeler que, quelque part dans le tourbillon vertigineux que nous considérons comme la civilisation moderne, survit l'innocence pure et simple.

Malheureusement, même ceux qui jouissent de cette relation avec l'animal ne se rendent pas forcément compte des qualités fascinantes du chien. Il nous est tellement familier que, dès le départ, tout en lui nous semble normal. Nous arrive-t-il de nous poser des questions sur le chien – quelle est la subtilité de son odorat? le chien voit-il les couleurs? comment retrouve-t-il le chemin du foyer quand il est perdu? pourquoi remue-t-il la queue quand il nous voit? pourquoi sa vie sexuelle est-elle aussi curieuse?... – aussitôt, nous haussons les épaules et passons à autre chose, sans même nous fatiguer à découvrir les réponses. Si nous persistons à chercher, nous nous rendons compte bientôt que les livres consacrés aux chiens ont tendance à éluder les problèmes les plus fondamentaux, pour se consacrer essentiellement à des sujets plus terre à terre, comme la toilette du chien, la nourriture, les soins vétérinaires ainsi que les caractéristiques qui distinguent entre elles les centaines de races aujourd'hui existantes. Ces renseignements sont, certes, fort utiles, mais cela ne nous explique guère pourquoi tels chiens hurlent plus que d'autres, pourquoi tels autres aboient sans cesse, et pourquoi, en général, les chiens se conduisent comme ils le font. C'est pourquoi je me suis mis en devoir d'apporter à ces questions clés une série de réponses simples et brèves. En procédant de cette façon, j'espère que le lecteur pourra se reporter à ce livre à chaque fois qu'il se posera une question concernant ses rapports avec son chien. J'espère aussi qu'en feuilletant cet ouvrage, mon lecteur sera de plus en plus à même d'apprécier cet extraordinaire produit de l'évolution canine qui saute pour accueillir son maître dès que celui-ci ouvre sa porte pour rentrer chez lui.

Le chien

Qu'est-ce qu'il a de particulier, notre chien? Qu'y a-t-il, dans la personnalité canine, qui distingue cet animal des 4 236 espèces de mammifères, sans compter l'homme, pour qu'il soit devenu son plus proche compagnon? La réponse peut en troubler certains; car « le meilleur ami de l'homme » est, en réalité, un loup déguisé en chien. Or, c'est précisément la personnalité du loup qui nous permet de comprendre le lien étroit qui nous attache au chien.

Que tous nos chiens, des bâtards miteux aux fringantes vedettes d'exposition, des chiens errants galeux aux animaux dotés du pedigree le plus snob, des minuscules chihuahuas aux énormes dogues allemands, ne seraient ni plus ni moins que des loups domestiqués, la pilule paraît, pour certains, un peu dure à avaler. Cette idée les chagrine à cause d'une longue tradition, celle des histoires d'horreur qui mettent souvent en scène le loup sauvage. Il y a le loup féroce et le loup dévoreur d'homme, le loup-garou et le grand méchant loup. A peine, ici et là, un mot gentil pour cette créature magnifique, jusqu'à ce que nous en arrivions aux études modernes, objectives, de ces dernières décennies. Difficile, dans pareil contexte, de reprocher à quiconque cette réaction de rejet sommaire à l'idée que le petit toutou inoffensif et enjoué, assis sur le tapis, levant vers vous de grands yeux gentils, fait en réalité partie de la même espèce que le loup puissant et vorace.

Mais nous devons en accepter l'idée, non seulement parce qu'elle est conforme à la vérité, mais aussi parce que c'est la seule manière de saisir le comportement du chien domestique et de comprendre pourquoi c'est le chien, et non, par exemple, le singe, l'ours ou le raton laveur, qui est devenu le meilleur ami de l'homme.

Avant d'examiner le comportement du loup, nous pouvons tordre le cou à quelques objections qui viennent spontanément à l'esprit à ce sujet. Serait-il possible que les chiens domestiques, qui présentent une telle variété de formes, de tailles et de couleurs, appartiennent tous à la même espèce? Non seulement c'est possible, mais c'est exact. Les variantes peuvent avoir l'air spectaculaire, mais elles sont plutôt superficielles. Toute race de chien peut se croiser avec une autre et donner une descendance fertile. Les différences génétiques, qui ont été cultivées par une reproduction sélective de la race, sont beaucoup trop insignifiantes pour avoir isolé les races entre elles au niveau biologique. Alors, supposons que l'odeur grisante d'une femelle de dogue allemand en chaleur tourne la tête à un chihuahua mâle? Que peut faire ce dernier, dans ce genre de situation? Il n'est pas un alpiniste. Certes, mais si on inséminait artificiellement la chienne en question avec un échantillon de sperme prélevé sur lui, elle pourrait être fécondée et mettre bas une portée. Pour autant que l'on sache, il n'existe pas deux races canines incompatibles sur le plan génétique. Non plus, d'ailleurs, qu'il n'y a d'obstacle au croisement entre chiens domestiques et loups sauvages. Là aussi, il donne naissance à une progéniture fertile.

Ainsi, en dépit des apparences, tous les chiens appartiennent biologiquement à la même espèce. Qu'un saint-bernard de 135 kilos pèse trois cents fois le poids d'un petit yorkshire terrier miniature, qu'un dogue allemand, mesurant un mètre à l'épaule, soit dix fois plus haut que ce dernier, peu importe! Au fond, sous le pelage, ils sont tous frères. Quiconque a vécu avec un petit chien confirmera cette opinion. Aussi minuscules soient-ils, ils savent parfaitement, en eux-mêmes, qu'ils sont des loups redoutables et ils se comportent en conséquence. Eux aussi salueront le passage du facteur en aboyant fort ou avec le grondement du fond de gorge qu'il mérite, selon eux, quand il s'approche de leur territoire personnel. Si le son qui sort n'est qu'un jappement grêle, ce n'est pas de leur faute. Du reste, s'il leur arrive de rencontrer dans un parc un gros chien, ils lui réserveront le même traitement. Puisqu'ils savent pertinemment qu'ils sont des adultes en leur pleine force de l'âge, pourquoi se gêneraient-ils? Les gros chiens sont parfois déconcertés par ce comportement, allant parfois jusqu'à prendre une digne retraite devant les assauts concertés venant d'un groupe d'avortons montrant les dents. Si les propriétaires de grands chiens ressentent durement cette apparente manifestation de lâcheté, c'est qu'ils ont mal compris la conduite de leur animal. Les grands chiens n'ont pas peur des petits. Le problème est ailleurs : il se trouve que, par leur petite taille, leurs agresseurs se situent dans une catégorie sociale à part, celle des « chiots ». Or, les chiens adultes ont de fortes inhibitions concernant les chiots, qu'ils évitent d'agresser. Et, ces chiots-là ne se comportent pas comme les autres. D'où la réaction pleine de perplexité des grands chiens.

Si les six millions de chiens en Angleterre [1], les quarante

1. En France, le chiffre est d'environ huit millions.

millions aux États-Unis, et les je ne sais combien de millions dans le monde appartiennent à une seule et même espèce, comment se fait-il qu'ils aient l'air aussi différents les uns des autres? Ce phénomène s'explique : le chien, qui est l'animal domestique le plus ancien, a eu tout le temps nécessaire pour prendre l'aspect qu'il a aujourd'hui, à travers des croisements sélectifs. Les éléments difficiles, hypernerveux ou hyperagressifs ont été progressivement éliminés. Les chiens sont devenus d'un comportement plus juvénile, plus joueur, plus tranquille et plus obéissant. Si on les a croisés pour en faire des chasseurs rapides, leurs pattes se sont allongées et leurs corps affinés. Si la sélection visait à les mettre au ras du sol pour poursuivre les animaux nuisibles, leurs pattes se sont raccourcies. Quand on a voulu en faire des chiens de manchon, leurs corps se sont mis à rétrécir jusqu'à ce qu'ils deviennent assez petits pour qu'on puisse les ramasser et les porter facilement. Tous ces changements ont été obtenus par un élevage sélectif. Miniaturiser une race, par exemple, est chose aisée. Il suffit pour cela de prendre les avortons de chaque portée, de les accoupler, et de recommencer à l'infini. Dans quelques générations, il sera possible de donner naissance à des chiens d'une stature beaucoup plus réduite.

En raison des expositions canines et des concours, plusieurs centaines de races « pures » ont été répertoriées ces dernières années, et des standards précis ont été établis pour chacune. En Angleterre, six groupes principaux de races sont reconnus officiellement : chiens de chasse, chiens courants, chiens de travail, terriers, chiens d'agrément et chiens utilitaires.

Les chiens de chasse sont les pointers, les setters et les

retrievers, qui accompagnent les chasseurs dans leurs randonnées, les aidant à détecter le gibier, le rabattre et le retrouver. Les chiens courants permettent de suivre à la trace et d'attraper une proie que l'on pourchasse à cheval ou à pied. Les fox-hounds, qui se déplacent rapidement, conviennent pour courir à côté du cheval. Pour ralentir leur course et satisfaire les besoins des chasseurs à pied, les bassets ont vu leurs pattes raccourcir par le biais de la reproduction sélective. Certains chiens courants, comme le bloodhound, ou chien de Saint-Hubert, fonctionnent au flair; d'autres, comme le greyhound, ou lévrier anglais à poil ras, à la vue. Les chiens de travail comprennent les chiens de garde et les bergers, ainsi que d'autres races aux fonctions spécifiques, comme le siberian husky, ou husky, qui tire les traîneaux. Les terriers sont de petits tueurs d'animaux nuisibles, ayant en général des pattes assez courtes pour pouvoir traquer blaireaux, renards et rongeurs jusque dans leurs terriers. Ils possèdent un tempérament entêté et indépendant, tenant à l'origine au fait que, isolés et livrés à eux-mêmes, ils devaient néanmoins continuer à poursuivre leurs proies.

Les chiens d'agrément sont essentiellement des races naines, dont on a réduit le format pour en faire des animaux familiers plus faciles à manipuler. Élevés pendant des siècles en vue de leur rôle spécialisé et sans autres tâches plus terre à terre dans leur passé aristocratique, certains, comme le bichon maltais et le pékinois, ont une longue histoire de favoris de haut vol à la cour des riches et des puissants. Le groupe utilitaire ne peut avoir cette prétention élitiste. Ce sont des chiens qui, s'ils ne sont plus aujourd'hui considérés que comme des animaux de compagnie et d'exposition, ont été, en un temps relativement récent, des chiens de travail. Parmi ceux-ci, on classe des races aussi diverses que le dalmatien – d'une élégance tapageuse, élevé comme chien d'équipage, pour trotter à côté de la voiture et des chevaux de son maître – le bulldog – dont on a fait un agresseur féroce pour les premiers combats entre chiens et taureaux – et le lhassa apso – dont le devoir à l'origine était de donner l'alarme si des intrus tentaient de pénétrer dans le palais du Dalaï Lama à Lhassa, au Tibet. Toutes ces fonctions appartiennent aujourd'hui au passé, mais les races ont survécu, d'où l'appellation peu poétique de « chiens utilitaires ».

A ces aristocrates du monde canin, il convient d'ajouter les multiples bâtards, corniauds et chiens errants. D'après certaines sources autorisées, on estime à 150 millions le nombre de ces animaux actuellement vivants dans le monde. Certains sont retournés à l'état sauvage il y a plusieurs siècles. Le dingo d'Australie et le chien chanteur de Nouvelle-Guinée sont deux exemples de ce type. D'autres sont devenus sauvages ou ont été abandonnés à une époque récente et ont formé des hordes de chiens harets, qui trouvent en général leur pitance en fouillant dans les déchets de la société humaine. Ces deux groupes sont parvenus à se réadapter à des conditions de vie sauvage malgré le fait qu'ils étaient des animaux domestiqués. Ils se reproduisent entre eux, créant une population viable de chiens indépendants. Une troisième catégorie, celle des chiens errants, est constituée par les chiens abandonnés qui parviennent tout juste à survivre et n'ont pas réussi à se réaffirmer comme membres actifs de la société canine. En fin de compte, il y a le bâtard familier bien-aimé, dont s'occupe attentivement son maître, qui le défend vaillamment contre les « pedigrees bichonnés ». Comme le bâtard, proclament-ils, est beaucoup plus proche du canidé primitif, il vit plus vieux que les chiens de race; il est moins souvent atteint d'anomalies, résiste mieux aux maladies et jouit d'un tempérament plus stable, faisant preuve d'une nervosité et d'une agressivité moindres. Par sa vigueur hybride, assurent ses partisans, le bâtard est un chien tenace, résistant. Or, s'ils se montrent admirables pour prendre la défense des bâtards, ils sont injustes envers la majorité des chiens de race. Car, en vérité, tous les chiens modernes restent étonnamment proches du type ancestral. Quelles que soient leur forme, leur couleur ou leur taille, au fond, sous le pelage, ce sont tous des loups. C'est d'ailleurs une chance pour nous, comme cela apparaîtra clairement par la suite.

Il y a eu trois théories sur l'origine du chien domestique. L'une envisageait l'existence d'un « chaînon manquant » – une ancienne espèce de chien sauvage, assez semblable au dingo moderne, qui a donné naissance au chien domestique, puis fut elle-même exterminée par l'homme primitif. En termes d'élevage, cette idée se défend, car, dès qu'une espèce a été « améliorée » par l'élevage domestique, les populations humaines concernées ont généralement fait en sorte d'éliminer les cousins sauvages « non améliorés », afin d'éviter la contamination de leurs animaux. En outre, lorsque des chiens apprivoisés redeviennent sauvages et qu'ils commencent à se reproduire à l'intérieur d'une horde de harets, ils retournent à un type similaire partout dans le monde. Le dingo d'Australie, le chien chanteur de Nouvelle-Guinée, le chien pariah d'Asie et du Moyen-Orient et les chiens des Indiens d'Amérique ont tous une ressemblance remarquable les uns avec les autres par la carrure et la forme. On pourrait croire qu'ils essaient de nous montrer de quoi avait l'air leur lointain ancêtre, aujourd'hui disparu. Malgré cela, la théorie du chaînon manquant n'est plus généralement admise.

D'après une deuxième hypothèse, deux espèces de chiens sauvages auraient donné naissance à différentes races de chiens. On pense que certains descendraient du loup et d'autres du chacal. Ce point de vue a été défendu par Konrad Lorenz dans son fameux livre, *Tous les chiens, tous les chats* [1]. Mais des recherches plus récentes ont prouvé que cette théorie de « la double origine » n'était pas fondée. Des études précises sur les chacals ont montré qu'ils sont en fait très différents des chiens et des loups. En même temps, une enquête sur les loups a permis de constater qu'ils sont étonnamment proches des chiens à presque tous les égards.

La troisième théorie, qui connaît aujourd'hui la faveur générale, affirme que tous les chiens domestiques modernes sont descendus, sur une période de 8 000 à 12 000 ans, d'une espèce et d'une seule : le loup. Des études méticuleuses de l'anatomie et du comportement de cet animal sont venues confirmer cette idée au cours des dernières décennies, et la conclusion paraît à présent incontournable. Toutefois, une question évidente se pose : pourquoi les chiens harets ne retournent-ils pas à un type plus proche du loup? Mais c'est là une question qui provient d'un malentendu sur le genre de loup impliqué dans le développement du chien. Les loups que nous voyons, de nos jours, au cinéma et au zoo, sont des animaux typiques venus des régions glacées, comme les loups gris de Russie,

1. Flammarion, 1970.

de Scandinavie ou du Canada. Ce sont des bêtes énormes, à la fourrure épaisse, adaptées aux régions les plus froides de l'aire d'origine de répartition du loup. Le chien n'est probablement pas issu de ces animaux-là, mais d'un loup d'Asie, plus petit, moins trapu, à la robe moins dense, qui était commun dans les aires les plus chaudes de répartition de l'espèce. Cet animal était beaucoup plus proche, par sa carrure et son apparence, des chiens harets d'aujourd'hui, et il représente un ancêtre parfait.

Les observations sur le terrain de meutes de loups sauvages nous ont appris beaucoup de choses sur la véritable nature de ce « monstre maraudeur ». Loin d'être une bête féroce, cette espèce possède une organisation sociale impressionnante, impliquant beaucoup de contraintes, un contrôle de l'ordre hiérarchique et une entraide à l'intérieur de la meute. Une saine compétition entre les individus est compensée par une coopération active de plusieurs sortes : pour la chasse, la défense et l'élevage des petits. Des adultes, autres que les parents, contribuent à l'alimentation des jeunes et on remarque peu de querelles à l'intérieur de chaque groupe social.

De toute évidence, le lien étroit qui s'est établi entre les loups et les premiers hommes tient à cette grande similitude entre l'organisation sociale des uns et des autres. Les deux espèces vivaient en « meutes » sur un territoire défendu par le groupe. L'une et l'autre installèrent leur gîte au centre de ce territoire, à partir duquel elles faisaient des sorties pour chercher leur nourriture. L'une et l'autre sont devenues des chasseurs capables de coopérer entre eux pour chasser des proies plus grosses qu'elles-mêmes. Toutes deux employaient la ruse pour la chasse, utilisant des tactiques d'encerclement et d'embuscades. L'une et l'autre établirent des attaches entre mâles et femelles et confièrent progressivement au groupe le soin des petits. L'une et l'autre, enfin, mirent au point un ensemble complexe de signaux corporels, y compris des expressions faciales, des postures et une gestuelle.

En premier lieu, étant donné la similitude entre leurs modes de vie, c'est probablement en tant que rivaux que le contact entre l'homme préhistorique et le loup a dû se faire. De pauvres petits louveteaux, destinés à régaler l'assistance à l'occasion d'un bon repas, ont probablement été ramenés aux campements humains. Mais on les laissa errer ici et là pour servir de jouets aux petits d'hommes. Comme il y a, dans le développement des louveteaux, une phase spéciale où les jeunes animaux se « socialisent », ceux qu'on avait pris assez jeunes crurent, en grandissant, appartenir à une meute humaine, au lieu d'une meute de loups. Cela signifierait que, en devenant adultes, ils se seraient automatiquement comportés en chiens de garde, donnant l'alerte dès que leur ouïe fine avait repéré le bruit de quelqu'un s'approchant du camp dans la nuit. Peut-être aussi ont-ils suivi la chasse, flairant la proie avant que leurs compagnons humains d'adoption puissent la repérer. Il aurait fallu que l'homme soit complètement stupide pour ne pas sentir la valeur des talents canins et ne pas se rendre compte de leur potentialité. Au lieu de dévorer tous les louveteaux, sans doute en ont-ils épargné quelques-uns, les laissant vivre dans le campement et les élevant même. Les agressifs et les timorés se trouvaient promptement expédiés et mangés. Le reste devint associé – des symbiotes – dans l'ordre de la nature humaine.

Comme les siècles filaient, le chien-loup type d'origine a sans doute changé relativement peu, même s'il y a eu, en apparence, quelques modifications superficielles. On a dû favoriser tout jeu de couleurs bizarre qui survint alors, comme noir, blanc, tacheté ou moucheté, parce que ces variantes permettaient de mieux identifier les animaux. Mais, en dehors de cet aspect, les tentatives pour modifier le compagnon canin préhistorique sont probablement restées très modérées.

Puis, avec l'apparition de l'agriculture, la protection de la propriété a pris une plus grande importance. C'est alors que, probablement, les chiens de garde sont devenus une espèce spécialisée, de même que les chiens de chasse et ceux qui servaient à garder le bétail. Cependant, on était encore loin, très loin, des centaines de races différentes que nous connaissons aujourd'hui. Elles sont le fruit de programmes d'élevage très accélérés, d'une qualité hautement sélective, sur quelques centaines d'années. Au Moyen Age, il n'y avait guère plus d'une douzaine de types de chiens différents en Europe, chacun devant assumer une tâche majeure.

C'est, d'une manière paradoxale, la révolution industrielle qui a provoqué la grande explosion des différentes races canines. A cause d'elle, directement ou non, leur nombre s'est mis à excéder considérablement les demandes. Incapables de les employer à des tâches qui étaient en voie de disparition, n'ayant plus le droit de les faire participer à des sports cruels comme les combats entre chiens et taureaux, entre chiens et blaireaux ou entre chiens seulement, les amis des chiens ont dû trouver pour leurs animaux de nouvelles fonctions. Des concours pour « le meilleur chien » se sont organisés en Angleterre, dans les « pubs », dès le XVIIIe siècle; au XIXe, il y avait déjà des expositions canines parfaitement organisées, avec des standards arrêtés. Même la famille royale y participait. Bientôt, élever des chiens de race, s'en occuper et les montrer lors des expositions devint du dernier chic.

A mesure que les villes se sont développées, la multiplication soudaine des chiens d'intérieur et des chiens de compagnie a apporté aux citadins comme un écho nostalgique de la vie à la campagne. Pour celui qui est happé dans le tourbillon de la vie urbaine, promener son chien dans un jardin est devenu le dernier vestige des plaisirs bucoliques. Dans un environnement où la terre avait disparu sous les pavés, où l'on était emmuré dans la brique et le béton, le besoin d'un contact avec la nature s'est fait fortement ressentir. Les chiens ont parcouru un long chemin pour répondre à ce besoin. Comme ils continuent de le faire aujourd'hui encore.

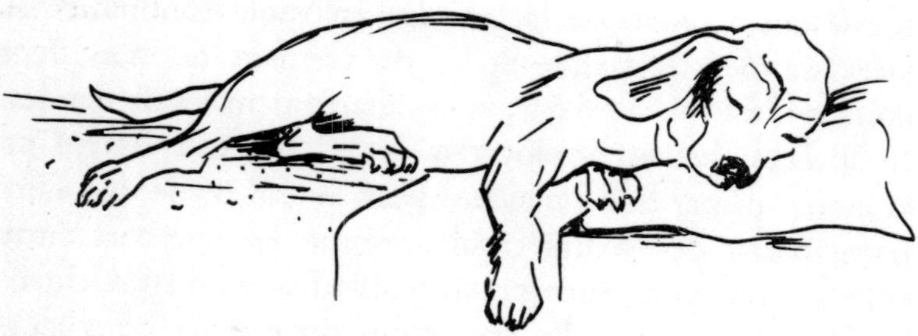

Pourquoi les chiens aboient-ils?

On croit souvent, à tort, qu'un chien qui aboie est un chien menaçant. Même s'il fait beaucoup de vacarme et qu'il semble s'en prendre directement à vous, cette interprétation est trompeuse. Car l'aboiement est, pour le chien, un cri d'alerte, destiné aux autres membres de la meute, y compris la meute humaine à laquelle le chien appartient.

« Il se passe quelque chose de bizarre par ici. Alerte! » Voilà ce que veut dire l'aboiement. Dans la nature, ce cri se traduit par une double conséquence : en l'entendant, les chiots se mettent à l'abri pour se cacher, et les adultes, en éveil, se rassemblent pour agir. En termes humains, c'est comme si on sonnait une cloche, faisait retentir un gong, ou soufflait dans un cor, pour avertir que « quelqu'un s'approche des portes » de la forteresse. Mais le cri d'alarme ne nous dit pas si les arrivants sont amis ou ennemis. Il permet seulement de prendre les précautions nécessaires. C'est pourquoi de forts aboiements peuvent saluer l'arrivée du maître du chien, aussi bien que l'intrusion d'un voleur. Lorsque le nouvel arrivant a été reconnu, les aboiements sont remplacés par la cérémonie de l'accueil amical ou par une sérieuse offensive.

Paradoxalement, une attaque en règle se passe dans le plus complet silence. Le chien agressif qui n'a pas peur fonce droit sur vous et mord. Des démonstrations de chiens policiers, attaquant des hommes qui jouent le rôle de criminels en fuite, confirment cette affirmation. Quand l'homme au bras solidement enveloppé s'enfuit à travers champs, et que le dresseur lâche le chien policier, on n'entend aucun aboiement, ni aucun son d'ailleurs. Le bondissement silencieux du molosse se termine vite par une paire de mâchoires plantées dans le bras protégé, qu'il serre avec fermeté.

La fuite aussi se prend en silence. Le chien qui essaie de s'échapper se tait, jusqu'à ce qu'il ait réussi à détaler suffisamment loin. Les vocalisations sont le signe d'un conflit ou d'une frustration. Le fait qu'elles accompagnent presque toujours les rencontres agressives entre chiens signifie que même les éléments les plus antisociaux de la gent canine ont en général un peu peur aussi. Le silence complet du chien policier, qui lance une attaque à fond, est moins fréquent que le grondement de l'animal qui montre les dents avant d'attaquer. Gronder, en retroussant les babines pour montrer les canines, est typique du chien qui est fortement agressif et modérément effrayé. La peur est la petite nuance qui suffit à transformer un assaut silencieux en une attaque grondante. Ce ne sera pas un chien que l'on pourra prendre à la légère. La pulsion de l'attaque est encore beaucoup trop forte par rapport à la pulsion de la fuite. Le chien qui gronde est le cauchemar du facteur.

Puis, venant ensuite dans l'ordre croissant de la peur, se trouve le chien qui grogne. Le grognement indique que la frayeur est un peu plus intense que dans le grondement, mais le risque d'attaque reste grand. Bien que l'animal se sente davantage sur la défensive, le niveau d'agressivité est élevé, et peut à tout moment se traduire par une attaque en règle.

Lorsque l'équilibre entre l'attaque pure et la peur commence à pencher en faveur de cette dernière, on passe tour à tour du grognement à l'aboiement. Le grognement sourd « s'amplifie » soudain en un aboiement sonore. Le processus se répète : grognement-aboiement, grognement-aboiement. Le chien vous adresse le message suivant : « Je voudrais t'attaquer (grognement), mais je crois que vais appeler du renfort (aboiement). »

Si, à l'intérieur du cerveau du chien, la peur se renforce et commence à dominer l'agressivité, le grognement va disparaître et on n'entendra plus qu'un aboiement, fort et répété. Ce bruit peut se prolonger pendant un long moment agaçant, jusqu'à ce que l'élément étranger qui l'a provoqué disparaisse, ou jusqu'à ce que sa « meute » humaine vienne vérifier ce qui se passe.

La caractéristique principale de l'aboiement du chien domestique tient au fait qu'il explose en rafale comme un tir de mitraillette : ouah-ouah-ouah... ouah-ouah-ouah-ouah-ouah-ouah... ouah... ouah-ouah-ouah, et ainsi de suite, dans un déluge sonore excité et puissant. Nous devons cette attitude à 10 000 ans d'élevage sélectif des chiens, et non aux origines sauvages de nos animaux domestiques. Les loups aboient, mais le bruit qu'ils font alors est beaucoup moins impressionnant. Lorsqu'on entend aboyer, pour la première fois, dans une meute de loups, on reconnaît immédiatement le son, mais on a du mal à croire qu'il puisse être aussi timide et atrophié. L'aboiement du loup n'est ni très sonore, ni très fréquent, et il est toujours monosyllabique. Pour le décrire, disons qu'il émet une sorte de « wouff » saccadé. Ce son est répété, habituellement, un certain nombre de fois, mais il ne prend jamais les proportions d'un tir de mitraillette bruyant, contrairement à l'aboiement du descendant domestique du loup.

Assez curieusement, il a été signalé que des loups, vivant à proximité de chiens domestiques, apprennent au bout de quelque temps à émettre un aboiement amplifié, à la manière des chiens. Le passage de l'aboiement sourd du loup à celui épanoui du chien peut donc se faire sans mal. Malgré cette possibilité d'apprentissage, il est fort probable que, dans les premiers siècles de la domestication du chien, les anciens maîtres aient procédé assez rapidement à une sélection favorisant la production d'un « aboyeur » amélioré, destiné à donner l'alarme en cas de vol. Partant du modeste « wouff » du loup, ils ont sélectionné, dans chaque portée, les chiots pour leur puissance vocale et leur acharnement à la faire entendre, jusqu'à l'apparition de nos actuels et bruyants chiens de garde. Aujourd'hui, presque toutes les races canines possèdent les qualités génétiques les dotant d'un aboiement amélioré, certaines races se montrant, dans ce domaine, plus talentueuses que d'autres. Seul le basenji d'Afrique centrale paraît avoir totalement échappé à cette tendance. Cette race particulière est celle d'un petit chien de chasse silencieux qui a vu le jour dans l'ancienne Égypte il y a plus de 5 000 ans, et qui, au cours de sa longue histoire domestique, n'a jamais dû, semble-t-il, assumer de fonctions de gardien.

En somme, pour ce qui est du chien, il y a du vrai dans ce vieux dicton : « Il aboie plus qu'il ne mord. » Car le chien qui aboie n'a généralement pas le courage de mordre, et celui qui mord ne se donne pas la peine de lancer le cri d'alarme typique pour appeler du renfort.

Pourquoi les chiens hurlent-ils?

Alors que les chiens aboient plus que les loups, ils hurlent moins. Or cette rareté relative du hurlement canin s'explique par la différence dans la vie sociale du chien domestique et celle du loup sauvage. Le hurlement a pour fonction de synchroniser et de rassembler la meute avant d'entrer en action. Les loups hurlent surtout au début de la soirée, avant de s'en aller chasser en groupe, et au petit matin, avant de repartir en chasse. Les chiens domestiques, dont les maîtres assurent la nourriture, vivent une existence de chiots perpétuels, et le besoin de « renforcer la cohésion du groupe » (qui confère au hurlement sa fonction officielle) ne fait pas partie de leurs priorités. La dispersion de la meute, qui engendre le hurlement, se produit rarement chez eux. Dans le train-train quotidien du chien domestique, le seul exemple que l'on puisse comparer à ce phénomène survient lorsqu'on enferme de force l'animal dans une pièce isolée. Il se peut alors qu'il émette le « hurlement de la solitude », qui a la même fonction que le hurlement de groupe. L'un et l'autre signifient : « Je suis (nous sommes) ici... où êtes-vous?... venez vous joindre à moi (à nous). » Dans la nature, ce hurlement a pour effet d'attirer comme un aimant les autres membres de la meute, et de les induire à se joindre au « chant de la tribu ». Les humains qui négligent de réagir au hurlement d'un chien en se « joignant à lui » manquent à leur devoir canin.

Certains mâles, qui ne hurlent jamais dans des conditions normales, le font, avec des accents prolongés et désespérés à fendre l'âme, quand ils sont enfermés à l'écart d'une émoustillante chienne en chaleur. Cela ne signifie pas que le hurlement est un signal sexuel, mais il s'agit là d'un autre contexte dans lequel le message fondamental est : « Joignez-vous à moi. »

Ce message du hurlement possède une telle force que des chercheurs travaillant sur le terrain ont pu attraper des louveteaux en utilisant de faux hurlements. S'installer dans un arbre et imiter le hurlement de loups adultes suffit quelquefois à faire venir des jeunes. Les loups plus âgés ne se laissent cependant pas duper par ce stratagème, ce qui prouve l'existence d'un élément supplémentaire important dans le message de l'appel. En grandissant, le loup apprend à reconnaître l'identité de chaque hurleur. Les chercheurs sur le terrain eux-mêmes peuvent identifier de cette manière les différents membres de la meute qu'ils étudient. De légères variantes interviennent dans la succession des tons du hurlement qui constituent une signature personnelle en musique. Le message est en fait : « C'est moi, venez vous joindre à moi. » Le message dans son entier peut même communiquer plus d'informations. Certains spécialistes des loups pensent ainsi que chaque hurlement transmet des renseignements précis sur l'humeur des hurleurs, quand ils rejettent la tête en arrière et lancent ces sons lugubres. En outre, comme le hurlement est plus fréquent sur les limites du territoire de la meute, il semblerait qu'il implique aussi un élément d'affirmation territoriale, destiné à faire savoir aux autres groupes qu'une zone particulière est occupée et qu'elle contient une bande organisée.

Il est significatif que des loups solitaires – ceux qui ont été refoulés de la meute – ne se rallient pas aux hurlements de groupe, à partir des lieux reculés où ils se trouvent. Ils n'essaient pas non plus de retrouver leur meute d'origine. En revanche, ils hurlent, eux aussi, de temps à autre, quand le reste de la meute se tait. Si d'autres proscrits solitaires leur répondent, cela leur permet de se rejoindre et de fonder une nouvelle meute sur un autre territoire inoccupé.

Pour en revenir au chien domestique, la raison pour laquelle ils sont moins enclins à hurler que leurs cousins sauvages ne fait pas mystère. Le contexte social qu'il faudrait pour provoquer ce comportement n'existe pas. Si les chiens familiers vivaient en larges groupes présentant quelque ressemblance avec l'organisation de la meute, le hurlement resurgirait inévitablement, comme cela se produit dans certains chenils professionnels. En outre, si les chiens sont enfermés seuls, s'ils sont gardés à l'écart d'une chienne en chaleur, ou si on les voue à une vie errante et solitaire en les jetant dehors, il se peut qu'ils hurlent. Mais le chien domestique adulte, qui vit au cœur d'une famille humaine affectueuse, n'est pas incité à lancer ce cri, le plus obsédant de tous les cris canins.

Il existe une exception amusante à cette dernière affirmation, et elle concerne les familles musiciennes. Avant l'époque de la télévision, dans les foyers où l'on aimait chanter à la veillée, certains chiens, interprétant les signaux de travers, croyaient que leurs maîtres essayaient de « rassembler la meute pour un effort concerté ». Se ralliant avec enthousiasme à l'appel à la chasse, ils rejetaient la tête en arrière pour hurler à leur tour avec le reste de leur meute d'adoption. On imagine leur désarroi devant les réactions unanimement négatives qui accueillaient leurs efforts.

Pourquoi le chien remue-t-il la queue?

On entend souvent dire, par les profanes et par les experts, que le chien qui remue la queue est dans de bonnes dispositions. Erreur! Ceux qui le croient se trompent tout autant que ceux qui affirment qu'un chat qui remue la queue est en colère. La seule condition émotionnelle, que chiens et chats partagent en remuant la queue, est un état de conflit. Cette remarque s'applique à presque tous les mouvements de va-et-vient dans la communication animale.

Lorsqu'un animal est en situation de conflit, il se sent attiré en même temps dans deux directions opposées. Il veut simultanément avancer et reculer, ou tourner à gauche et à droite. Étant donné que chaque impulsion annule la précédente, l'animal demeure sur place, mais dans un état de tension. Le corps, du moins une partie de celui-ci, commence à bouger dans une direction, obéissant à une impulsion, puis s'arrête, et bouge dans la direction contraire. Ce phénomène engendre tout un ensemble de signaux visuels stylisés dans le langage corporel des différentes espèces. Il y a ceux qui tordent le cou, qui secouent la tête, qui plient les pattes, qui agitent les pieds, qui contorsionnent les épaules, qui inclinent le corps, qui donnent un petit coup de queue. Et puis, il y a ceux qui, comme les chats et les chiens, remuent la queue dans un geste que nous connaissons bien.

Que se passe-t-il exactement dans la tête d'un chien

qui remue la queue? Dans le fond, l'animal veut à la fois rester et s'en aller. Le désir de partir s'explique sans problème : il est provoqué par la peur. Le désir de rester est plus complexe. En fait, il n'y a pas un désir unique, mais plusieurs. Le chien peut avoir envie de rester parce qu'il a faim, qu'il est bien disposé, agressif, ou pour tout autre raison. Voilà pourquoi il est impossible d'attribuer à ce mouvement de queue un seul et unique sens. C'est un signal visuel qui doit toujours être replacé dans son contexte, en tenant compte des autres gestes qui surviennent au même moment. Les exemples suivants vont nous permettre d'éclairer ces propos.

Les chiots ne remuent pas la queue lorsqu'ils sont très jeunes. Le chiot le plus jeune chez qui on ait relevé ce mouvement avait dix-sept jours, mais c'était un cas inhabituellement précoce. A trente jours, à peu près la moitié des petits chiens remuent la queue et cette activité atteint sa maturité lorsqu'ils ont quarante-neuf jours. (Ces chiffres correspondent à une moyenne; il y a des variantes selon les races.) Ce mouvement de queue apparaît pour la première fois dans un contexte précis : quand les chiots tètent leur mère. Tandis qu'ils se mettent en rang près de son ventre et qu'elle commence à les nourrir, les petites queues se mettent à s'agiter furieusement. On n'est que trop tenté alors d'interpréter ce geste comme un signe « de plaisir et d'affection » de la part des jeunes animaux. Mais si tel était le cas, pourquoi n'ont-ils pas remué la queue plus tôt, lorsqu'ils n'avaient, par exemple, que deux semaines? Le lait comptait tout autant pour eux à ce moment-là et leur queue était suffisamment développée. Que leur manquait-il donc? Un conflit inter-chiots, voilà la réponse. Âgés de deux semaines, les chiots se blottissent les uns contre les autres pour trouver chaleur et bien-être, et ils ne connaissent encore aucun sentiment de rivalité sérieuse. En revanche, vers six ou sept semaines, lorsque ce battement de queue trouve sa pleine expression, les chiots ont atteint le niveau social des brimades et des bagarres. Pour téter leur mère, ils doivent se presser les uns contre les autres – autrement dit, se presser contre le corps de ceux-là mêmes qui les mordillaient et les harcelaient quelques instants plus tôt. Cette situation engendre de la peur, mais cette peur est dominée par le désir de se nourrir aux mamelles étroitement rapprochées. Aussi, les chiots, tout en tétant, sont en état de conflit entre la faim et la peur : ils ont envie de rester pour la tétée, mais ils n'ont pas envie d'être trop près de leurs congénères. C'est à l'occasion de ce conflit que s'exprime pour la première fois, chez le chien, le battement de queue.

Il va apparaître ensuite dans un autre contexte : lorsque les chiots mendient à manger auprès des animaux adultes. Le même conflit intervient ici. Comme le jeune s'approche de la bouche de l'adulte, pour y chercher la nourriture, ils se trouvent à nouveau dans une étroite promiscuité l'un avec l'autre.

Plus tard, devenus adultes, lorsqu'ils se saluent après une séparation, le battement de queue vient s'ajouter aux autres signaux de reprise de contact. Ici, amitié et appréhension se mêlent pour produire le conflit émotionnel. Le battement de queue accompagne également les avances sexuelles, où l'attirance et la peur sont présentes simultanément. Mais, surtout, ce geste survient lorsque des approches agressives ont lieu. En de pareilles circonstances, l'animal qui remue la queue, même s'il est hostile, a peur : il y a, une fois encore, conflit entre deux états d'esprit simultanés.

Le battement de queue peut varier en qualité. Chez les animaux plus soumis, les coups sont lâches et amples. Chez les animaux agressifs, ils sont raides et courts. Plus le chien se sent inférieur, plus la queue s'agite vers le bas. L'animal plein d'assurance remue une queue complètement dressée.

Si toutes ces observations peuvent être relevées en regardant les chiens (ou les loups) lorsqu'ils se rencontrent dans un certain nombre de situations sociales, pourquoi s'est-on si souvent mépris sur le battement de queue, et pourquoi l'avoir classé simplement comme un signe d'amitié? La réponse est évidente : nous avons beaucoup plus l'habitude des salutations entre homme et chien que de celles entre deux chiens. Si un maître possède plusieurs chiens, ils vivent normalement ensemble la plupart du temps. Mais, à plusieurs reprises dans la journée, nous nous séparons d'eux, puis nous les retrouvons. Ce que nous voyons et revoyons, en fait, c'est le chien affectueux, soumis, qui vient accueillir son maître ou sa maîtresse, qu'il considère comme le membre dominant de sa « meute ». En ces circonstances, il est subjugué par un mélange d'amitié et de surexcitation, en retrouvant le chef du clan. Mais l'attirance qu'il éprouve est nuancée d'une légère appréhension, qui suffit à déclencher la réaction conflictuelle représentée par le battement de queue.

Nous avons du mal à accepter cette vérité, parce que nous n'aimons pas à penser que notre chien a pour nous autre chose que de l'affection. Qu'il puisse aussi nous craindre un peu ne nous plaît guère. Mais songez à notre taille – seulement la hauteur de notre corps – à côté de la sienne. Nous planons au-dessus de sa tête, ce qui suffit à l'inquiéter. Ajoutez à cela le fait que nous le dominons de tant de façons et qu'il dépend de nous pour tant d'aspects divers de sa survie, qu'il n'est guère surprenant qu'il soit dans un état d'esprit mitigé.

Enfin, outre des signaux visuels, les mouvements de queue transmettraient des signaux olfactifs. Encore une fois, c'est là quelque chose que nous aurons du mal à comprendre, à moins que nous n'essayions de voir le monde du point de vue d'un chien. Les chiens ont des odeurs personnelles, qui sont produites par les glandes anales. Des mouvements de queue rigides, vigoureux, ont pour effet de presser ces glandes à chaque battement. Si la queue se trouve en position verticale, comme il se doit chez un chien plein d'assurance, l'éjection des odeurs anales se trouvera fortement amplifiée par le coup brusque de la queue quand elle s'agite. Bien que ces diverses odeurs soient trop subtiles pour être sensibles à notre odorat humain, elles sont d'une grande importance pour les animaux. C'est sans doute ce petit détail supplémentaire qui a amené le simple mouvement conflictuel de va-et-vient de la queue à jouer le rôle majeur qu'il occupe aujourd'hui dans la vie sociale canine.

Pourquoi les chiens halètent-ils autant?

Tout le monde halète après avoir couru pour attraper le bus, mais personne ne halète autant qu'un chien. Le chien peut commencer à haleter sans même avoir bougé son corps. S'il sent qu'il a trop chaud, il ouvre grande la gueule, laisse pendre la langue, et se met à haleter à un rythme rapide et pesant qui nous est familier. En agissant ainsi, il humidifie sans cesse son énorme langue afin d'augmenter le processus d'évaporation qui est la clé du mécanisme de climatisation. Le chien qui a trop chaud va boire plus que de coutume pour maintenir la quantité de liquide nécessaire à la surface de sa langue. Sans cette faculté, bien des chiens seraient morts d'un infarctus.

Pourquoi les chiens ont-ils besoin, pour régler la température de leur corps, d'un mécanisme de halètement aussi puissant? L'anatomie de leur peau nous apporte la réponse. Contrairement à nous, ils ne sont équipés de glandes sudoripares efficaces que sous les pattes. Nous parvenons à perdre de la chaleur rapidement grâce à la transpiration qui se produit sur toute la surface de notre corps. Les chiens ne le peuvent pas.

Chose curieuse, chacun de nos trois compagnons les plus proches appartenant au règne animal – le cheval, le chat, le chien – a mis au point une méthode différente pour résister à la chaleur. Les chevaux transpirent abondamment, comme nous. Les chats, quand ils ont trop chaud, se lèchent vigoureusement le poil, étalant sur leur corps de la salive qui leur sert d'agent rafraîchissant. Quant aux chiens, ils halètent.

Le halètement a sans doute été choisi par les canins en raison de la lourde pelisse portée par leurs lointains ancêtres. A l'époque où le chien primitif était en pleine évolution, il était apparemment plus important d'avoir chaud dans le froid que de se rafraîchir par temps chaud. Avec un épais manteau de fourrure, les glandes sudoripares de la peau ne pouvaient pas faire grand-chose en matière de thermorégulation. Aussi perdirent-elles leur importance. Aujourd'hui, beaucoup de races ayant un pelage plus mince, la transpiration pourrait à nouveau venir au secours de leur propriétaire par les après-midi de canicule, mais la ré-évolution nécessaire qui rendrait efficaces les glandes sudoripares n'a pas accompagné les modifications génétiques du type de robe. Les races à peau nue, comme le chien nu du Mexique, pour lequel la transpiration pourrait facilement redevenir fonctionnelle, ont une peau sèche, même par temps chaud. On a prétendu que la température corporelle de ces drôles de chiens atteignait 40°, alors que, chez le chien, elle ne dépasse pas normalement 38°-39°. Des expériences récentes n'ont pu confirmer ces affirmations. Il semble qu'ils aient la même température que leurs congénères, mais on a *l'impression* que leur peau est beaucoup plus chaude parce qu'elle est nue au toucher. Cette race, dit-on, a été mise au point par les anciens Mexicains pour leur servir de bouillotte vivante pour les longues nuits froides. En l'absence de transpiration par voie cutanée chez le chien, ajouté au fait que la température normale de cet animal est plus élevée que chez les humains, ce rôle, il est vrai, lui convenait parfaitement.

Pourquoi les chiens lèvent-ils la patte?

Ce n'est plus un secret pour personne, aujourd'hui : uriner représente beaucoup plus, pour le chien mâle, que la simple élimination de substances de déchets dans le corps. Chaque fois qu'on l'emmène en promenade, le principal centre d'intérêt de l'animal consiste à lire les signaux chimiques déposés par la miction des autres chiens mâles venus lever la patte sur des postes d'odeur de diverses sortes, situés dans le domaine de notre compagnon à quatre pattes. Avec une concentration frémissante, le voilà qui renifle chaque souche d'arbre, chaque réverbère. Puis, après avoir déchiffré attentivement les messages ainsi laissés, le chien dépose systématiquement sa propre marque, faisant disparaître les anciennes traces sous sa propre odeur puissante.

Quand ils sont petits, mâles et femelles s'accroupissent pour uriner. Mais, à la puberté, vers l'âge de huit ou neuf mois, les mâles commencent à lever une patte postérieure pour faire gicler leur jet d'urine. La patte levée est tendue avec raideur, le corps du chien étant orienté de manière à projeter le flot d'urine sur le côté, et non vers le bas en direction de la surface du sol qui se trouve sous lui. La pulsion de ce levage de patte est si forte que, au cours d'une longue promenade généreusement pourvue en odeurs, le chien peut se retrouver à court d'urine et être dans l'incapacité de produire un jet de liquide. En de pareilles circonstances, on peut voir les mâles faire l'impossible pour extirper, au prix d'efforts désespérés, quelques gouttes supplémentaires afin de laisser derrière eux leur « carte de visite ». Lever la patte est devenu un geste si indépendant du besoin d'évacuer un liquide de déchet que, la vessie étant tout à fait vide, ils n'en continuent pas moins de l'exécuter.

Assez curieusement du reste, ce geste n'a également rien à voir avec la virilité du chien! Les mâles castrés avant d'avoir atteint la puberté se mettront à lever la patte au même âge que ceux qui sont tout à fait actifs sur le plan sexuel. Aussi, bien que ce soit une activité typique du mâle adulte, elle ne paraît pas avoir de rapport avec le niveau de testostérone présent, comme on pourrait le croire. Cependant, même si cette activité n'est pas *provoquée* par la présence d'hormones sexuelles, les messages qu'elle va laisser contiendront nécessairement des indications sur l'état sexuel des chiens concernés, puisque les hormones sexuelles sont évacuées dans l'urine. Des sécrétions personnelles, spéciales, qui donnent à chaque dépôt d'odeur la valeur d'une carte d'identité, sont également présentes dans les glandes accessoires du mâle.

On a avancé trois hypothèses pour expliquer pourquoi le chien mâle lève la patte au lieu de s'accroupir. En premier lieu, et peut-être avant toute autre considération, vient le besoin de conserver à ces « signaux à l'odeur » toute leur fraîcheur. Les mettre à même le sol augmente les risques d'interférences, que limite le fait de « les accrocher » sur des supports à la verticale. Deuxièmement, ce procédé place ces odeurs à la hauteur du museau des autres chiens, ce qui accentue leur portée olfactive et les rend aussi plus faciles à renifler. Troisièmement, cela permet d'informer les autres chiens, et de rappeler à ceux qui urinent l'endroit où se trouve leur message. Un chien peut parcourir un long trajet pour s'approcher d'un poteau ou d'un arbre isolé, juste dans le but de le renifler et de lever la patte. En d'autres termes, la sélection opérée par des repères à la verticale permet de restreindre le nombre d'endroits où se trouvent ces odeurs.

Ce système du marquage à l'odeur par les mâles possède son effet secondaire : un chien peut sans mal identifier de loin le sexe d'un autre; il lui suffit de l'observer lorsqu'il s'arrête pour uriner. Cette information peut ensuite intervenir dans la décision de s'approcher ou non de l'animal.

Quels sont exactement les messages transmis par l'odeur déposée sur les repères choisis pour lever la patte? Plusieurs hypothèses ont été avancées qui, toutes, sont probablement justes. La première idée consiste à dire que le message s'adresse au chien lui-même. En laissant son odeur personnelle tout autour de son aire d'habitation, le chien s'approprie le secteur. Quand il reviendra, l'endroit sentira son odeur et l'animal saura qu'il se trouve en terrain familier. Nous nous sentons bien chez nous, parce que nos maisons sont pleines de nos affaires personnelles et de tout notre bric-à-brac. Le chien se sent chez lui parce qu'il a apposé sur les repères de son territoire ses « affaires » personnelles. En second vient l'idée que le message s'adresse à tous les congénères, qu'il informe de sa situation sexuelle et de sa présence. Il peut servir à réunir des individus des deux sexes ou à dissuader d'autres mâles d'empiéter sur un territoire donné. A cet argument, certains ont répliqué que les mâles, fascinés par l'odeur des autres chiens, ne s'écartent jamais apeurés des marques à l'odeur. Pourtant, même si ces marques ne représentent pas une menace directe, cela ne signifie pas qu'elles ne sont pas là pour classer le secteur comme « occupé ». Troisièmement, une nuance particulière est à apporter à cette dernière hypothèse : la base véritable du marquage à l'odeur relève de l'idée de la répartition du temps. Si, à l'état sauvage, des groupes de chiens doivent vivre avec un minimum de conflits à proximité les uns des autres, il n'est pas inutile de savoir quand et avec quelle fréquence les groupes voisins se déplacent. Comme la puissance et la qualité des marques à l'odeur dépendent de leur fraîcheur, il est possible d'évaluer la régularité avec laquelle les autres chiens patrouillent le secteur. La répartition du temps dans les zones particulières devient alors possible, les groupes s'évitant les uns les autres, au lieu de se trouver impliqués dans des affrontements directs pouvant avoir des conséquences désastreuses.

Des études portant sur des chiens de village vagabondant librement ont permis de se rendre compte que ces animaux passent jusqu'à deux ou trois heures par jour à vérifier toutes les marques à l'odeur laissées sur leur territoire. Ces contrôles les entraînent dans des expéditions journalières couvrant plusieurs kilomètres, au cours desquelles ils reniflent attentivement chaque repère marqué qui se trouve sur le trajet, pour en déchiffrer les derniers messages. Même si cette ronde implique un gros investissement de temps et d'efforts, elle procure à chaque chien d'un village donné un recensement complet des chiens du secteur, avec des informations sur l'importance de la population canine locale, ses mouvements, leur état sexuel et l'identité de chacun d'entre eux.

On admet généralement que les femelles ne lèvent pas la patte, mais ce n'est pas toujours vrai. A peu près un quart des chiennes lèvent une patte postérieure pour uriner, mais elles procèdent, pour le faire, différemment des mâles. Lorsqu'une femelle lève la patte, une des postérieures est relevée sous le corps, plutôt qu'étendue sur le côté. Résultat : l'urine, malgré ce geste, tombe par terre, et non sur un support vertical. Il peut arriver parfois qu'elle règle le problème en adoptant une posture bizarre en poirier : elle s'approche alors à reculons d'un poteau ou d'un mur et urine avec les deux pattes en l'air. Il est très rare qu'elle arrive simplement à lever la patte à la manière des mâles.

Pourquoi le chien gratte-t-il le sol après avoir déféqué?

Ceux qui possèdent un chien n'ont pas manqué de remarquer la manière dont l'animal – surtout si c'est un mâle – gratte vigoureusement le sol après s'être livré à la défécation. Il s'écarte légèrement du lieu précis où il a déposé ses matières fécales, puis, avec des mouvements énergiques vers l'arrière de ses pattes antérieures et surtout postérieures, il gratte le sol à plusieurs reprises avant de s'éloigner. Quelquefois, il effectue ce geste après la miction, mais c'est moins fréquent.

L'explication, à l'origine, consiste à considérer cet acte comme un vestige de l'époque où les ancêtres sauvages du chien recouvraient leurs matières fécales, tout comme les chats. On croyait que la domestication avait réduit l'efficacité de l'acte, qui ne serait plus aujourd'hui qu'un vestige inutile d'un procédé qui avait jadis des raisons d'être hygiéniques. Or, nous sommes loin de la vérité. En effet, une observation récente des loups dans leurs conditions naturelles a permis de constater qu'ils pratiquent, eux aussi, le même type de geste. Cette façon de gratter le sol n'est pas liée à une « décadence » due à la domestication.

Autre hypothèse : les chiens essaient d'éparpiller leurs excréments, pour élargir le secteur sur lequel ils ont apposé leur odeur personnelle. Certaines espèces d'animaux procèdent, en effet, à la dispersion de leurs déjections, comme l'hippopotame, par exemple, qui est pourvu d'une queue spécialement aplatie qui s'agite d'avant en arrière tel un éventail pour disperser aussi loin que possible ses excréments et leur odeur. Cependant, bien que les chiens grattent le sol tout près de leurs matières fécales, ils semblent toujours prendre soin à ne pas les toucher.

Cela nous laisse face à deux explications possibles. Tout d'abord, on a remarqué que, lorsqu'ils sont en pleine nature, les loups qui grattent la terre modifient l'aspect du sol et de la couche superficielle sur plusieurs mètres carrés. Ce procédé laisse une marque visible très évidente en plus du signal à l'odeur que constituent les matières fécales. Les chiens qui grattent le trottoir ou tout autre surface urbaine dure, où les entraînent si souvent leurs maîtres, ne peuvent laisser qu'une trace visuelle infime en grattant avec leurs pattes, mais ce n'est pas de leur faute. Dans un cadre plus conforme à la nature, ce geste vigoureux se serait traduit par une marque beaucoup plus impressionnante.

Deuxièmement, nous avons souligné au passage que les seules glandes sudoripares efficaces chez le chien se trouvent entre ses orteils. Il se peut que l'animal cherche simplement à ajouter une autre odeur personnelle à celle, déjà présente, de ses excréments. Cette idée peut nous sembler peu convaincante, car, si l'odorat humain détecte sans mal l'odeur des matières fécales canines, l'odeur de transpiration d'une patte de chien nous échappe totalement. Pourtant, dans un monde peuplé d'odeurs des chiens, il est fort possible que cette forme supplémentaire de marquage à l'odeur ait ses propres messages à transmettre, qui augmenteraient d'autant plus la fascination qu'exerce l'obsession de la promenade pour le chien. En tout état de cause, le facteur odeur et le facteur visuel jouent tous deux un rôle, lorsque le chien exerce en pleine nature l'acte de gratter le sol.

Les chiens éprouvent-ils du remords?

Nombre de maîtres affirment qu'ils ont observé, chez leur chien, un air coupable, quand celui-ci a fait quelque chose de mal, comme s'il essayait, par son comportement, de se faire pardonner ses bêtises. Est-ce là le cas de personnes dotant leur chien d'émotions humaines qu'il ne ressent pas vraiment, ou la gent canine est-elle effectivement capable d'éprouver des sentiments de remords?

Une manifestation de soumission de la part d'un chien qui a « brisé les règles » s'explique *a priori* comme une réaction à la colère naissante de son maître. Les chiens excellent à détecter « les mouvements d'intention », ces premiers signes avant-coureurs de ce qui se prépare. Sur le point d'exprimer sa fureur, le maître se tend avant même de se mettre à crier après son chien, et l'animal est capable de détecter cette tension, de se comporter en fonction de celle-ci. Aussi, s'il se met à s'approcher d'un air soumis avant qu'il n'ait reçu quelque réprimande, c'est peut-être qu'il a deviné correctement ce qui allait se produire. Une réaction directe de cette sorte ne peut s'appeler le remords. La peur pure et simple suffit à l'expliquer.

Mais certains maîtres n'en démordent pas : ils ont vu leur chien adopter un comportement soumis avant même que le « crime » n'ait été découvert. Par exemple, un chien enfermé trop longtemps seul dans une pièce peut finir par s'oublier sur le tapis, ou, par ennui, se mettre à mordiller une pantoufle, un gant, ou causer d'autres dégâts, pour essayer de tuer le temps. S'il a appris, dans le passé, que ce comportement est interdit, il se peut qu'il accueille le retour de son maître par des démonstrations d'amitié inhabituelles, mêlées à une attitude étrangement soumise. Si le maître n'a pas encore eu la possibilité de voir les dégâts qu'il a provoqués, comment son comportement pourrait-il donner le moindre indice d'une « colère imminente » décelé par le chien? Le comportement du chien est, en l'occurrence, un acte d'apaisement dû au fait qu'il comprend qu'il a fait quelque chose de « mal ». C'est ainsi que le chien peut, effectivement, manifester du remords.

On a remarqué un comportement similaire chez les loups. On avait jeté à une bande de loups captifs affamés un gros morceau de viande de manière qu'un des animaux les plus faibles l'avait attrapé. Cet individu d'un rang inférieur s'était emparé de la viande avant de se précipiter à l'écart. Lorsque les loups dominants s'étaient approchés de lui, il avait grondé et distribué des coups de dents pour défendre sa prise. Dans la société des loups, une des lois du comportement veut que la possession d'un morceau de viande l'emporte sur les relations de dominance. En d'autres termes, peu importe le caractère élevé ou non de votre statut social, quand vous tenez un quartier de viande entre les dents, il est à vous. Même le membre le plus puissant de la meute ne peut alors vous le retirer. Il existe ce qu'on appelle une « zone de propriété », qui s'étend sur une trentaine de centimètres à partir de la gueule de chaque loup qui dévore, et, à l'intérieur de cette zone, nul n'a le droit de s'y risquer. (Les propriétaires de chiens ont pu remarquer un phénomène analogue. Même le membre le plus faible dans un groupe de chiots donnera des coups de dents et attaquera les autres s'ils s'approchent trop près, alors qu'il est occupé à mastiquer un morceau de viande ou un os.) Dans le cas de cette meute de loups affamés, les animaux dominants voulaient à tout prix arracher son butin à l'animal le plus faible, mais ils se retinrent. Il mangea à peu près la moitié de la viande puis, dans un moment d'inattention, se fit voler le reste pendant qu'il regardait ailleurs. Les animaux dominants mangèrent alors à satiété. Puis, lorsqu'ils eurent fini de manger, le loup faible s'approcha de son propre chef des animaux dominants et leur présenta une manifestation servile du comportement soumis. Chacun des « loups supérieurs » reçut, à tour de rôle, cet hommage, alors qu'ils ne manifestaient aucune menace ni aucune agressivité extérieure à son égard. C'était comme si celui qui avait attrapé la viande tout à l'heure se sentait obligé de s'excuser pour son comportement préalable et de montrer clairement qu'il n'y avait aucune tentative sérieuse de sa part pour accéder à un rôle ayant un statut supérieur.

Bien que pareils actes ne soient rien de nouveau pour les propriétaires de chiens, qui les considèrent comme allant de soi, ils prouvent néanmoins, de la part du chien, une faculté d'appréciation étonnamment complexe des règles sociales. Cette faculté, qui n'existe pas chez beaucoup d'autres espèces, est directement liée à la vie en meute, plus élaborée sur le plan social, que les ancêtres sauvages de nos chiens domestiques menaient dans la nature.

Comment les chiens appellent-ils à jouer?

Chez la plupart des espèces de mammifères, l'attrait du jeu s'estompe alors que les individus deviennent adultes. Deux exceptions notables à cette règle : les chiens et les humains. Au cours de l'évolution, nous sommes devenus nous-mêmes des « singes juvéniles », conservant la curiosité de notre jeunesse et notre goût du jeu tout au long de notre vie adulte. Ce changement, auquel nous devons notre inventivité remarquable, est au cœur de notre étonnant succès. Il n'est guère surprenant que l'animal, que nous considérons comme notre plus proche compagnon, partage avec nous un goût développé pour le jeu.

Tout comme nous sommes des singes juvéniles, les chiens sont des loups juvéniles. Devenues adultes, les races de chiens domestiques conservent une faculté de jeu inhabituelle, même lorsqu'ils ont atteint un âge avancé. Ils sont cependant confrontés à un problème : comment faire savoir aux autres chiens, ou aux gens, qu'ils sont d'humeur à jouer? Puisque le jeu implique souvent des bagarres ou des poursuites simulées, il est indispensable de faire comprendre clairement que tel acte particulier est pour rire, et qu'il ne doit pas être pris au sérieux. Dans ce but, le chien se livre à une manifestation spéciale : l'appel au jeu.

Le plus populaire de ces signaux qui veulent dire « allons jouer » est un salut, que le chien exécute en abaissant la moitié antérieure de son corps tout en conservant l'arrière-train dressé. Ses pattes de devant sont en position de « sphinx assis », de sorte que la poitrine touche le sol, ou presque, alors que les pattes de derrière restent tendues à la verticale. Dans cette position, le chien qui veut jouer regarde fixement son compagnon et fait de petits mouvements saccadés en avant, comme pour dire : « Viens, allons-y. » Si l'interlocuteur réagit, il s'ensuit une poursuite pour rire ou une fuite simulée. A cause de la manière dont la poursuite ou la fuite a démarré, la poursuite ne se termine jamais par une attaque véritable, et, dans la fuite, le chien qui s'en va n'est jamais mordu pour de vrai. En fait, chasseur et chassé peuvent, de temps à autre, changer de rôle, devenant tour à tour poursuivant et poursuivi. La rapidité avec laquelle ils passent de l'un à l'autre montre qu'ils n'éprouvent pas réellement des sentiments d'agressivité ou de peur, mais qu'ils jouent un rôle. Courir en large cercle est typique de ce genre de jeu.

A l'origine, certains ont cru voir dans le salut appelant au jeu une sorte de mouvement d'étirement. Ce mouvement ressemble indiscutablement à l'étirement des pattes, lorsque le chien se réveille et se prépare à devenir actif. L'idée est la suivante : en s'étirant, l'animal montre qu'il est détendu, donc l'attaque et la poursuite qui vont suivre ne peuvent être prises au sérieux. Mais il existe une explication plus vraisemblable : ce salut est le mouvement d'intention figé d'un départ en flèche, ressemblant assez à la posture accroupie adoptée par un sportif sur la piste, quand il est en position de départ.

Il existe plusieurs autres signaux d'appel au jeu qui sont typiques des chiens. Parmi eux la mimique de « rire », l'équivalent pour le chien du sourire pour l'homme, et qui comprend les mêmes éléments. Les lèvres s'étirent horizontalement et non verticalement. Elles s'allongent, les commissures remontant vers les oreilles. Les mâchoires sont légèrement écartées, mais aucune tentative n'est faite pour montrer les dents de devant. D'une certaine manière, cette mimique est l'inverse du grondement du chien en colère, chez qui les babines se retroussent vers l'avant et le nez se plisse vers le haut pour dégager toutes les dents de devant. Le chien qui arbore une mimique ludique est totalement dépourvu d'agressivité.

D'autres incitations au jeu consistent à pousser, donner des coups de patte ou présenter une offrande. Pousser du nez provient des mouvements de poussée que les chiots accomplissent lorsqu'ils tètent les mamelles de leur mère. Les coups de patte sur le compagnon, ou dans sa direction, pour l'inciter à venir jouer trouvent aussi leur origine dans le comportement de l'alimentation infantile. Un chien joueur peut simplement s'asseoir, fixer son compagnon, puis battre l'air de l'une de ses pattes de devant, comme s'il lui faisait signe de venir.

L'« offrande » est une manière de taquiner quelqu'un pour l'amener à jouer. Le chien apporte un objet, par exemple une balle ou un bâton, et il se couche en face de son compagnon en déposant son offrande par terre, entre ses pattes de devant. A l'instant où vous essayez de l'attraper, le chien la prend entre ses dents et file. Si vous poursuivez l'animal, il a réussi son coup : vous vous trouvez mêlé à un schéma de jeu. Si vous vous arrêtez, l'offrande vous sera de nouveau présentée.

Quelquefois, un chien plein d'ardeur – en particulier, celui qui a été enfermé pendant un moment et qui est lâché en plein air – exécute une manifestation élaborée, en caracolant et en se contorsionnant, comme s'il donnait le signal que le jeu doit commencer. Les mouvements – courir, se tordre, bondir, sauter et zigzaguer – sont manifestement exagérés. Intercalés au milieu de ceux-ci, il peut y avoir quelques brèves révérences, exécutées à la va-vite et aussi vite abandonnées, tandis que le chien joueur file de nouveau pour reprendre sa folle course caracolante qui ne saurait passer inaperçue. Ce type de comportement est quelquefois utilisé par les loups sauvages pour attirer leur proie. En dansant de cette étrange façon, ils fascinent leur victime, qui se laisse alors approcher plus facilement. Au cours du siècle dernier, en Amérique du Nord, cette stratégie du leurre a été employée par des chasseurs pour attraper des canards. Ils ont encouragé leurs chiens, des caniches en général, à bondir d'une manière ludique sur un espace à découvert. Devant pareil spectacle, des canards sauvages n'ont pu résister à l'envie de s'approcher pour vérifier ce qui se passait, et ils signèrent leur perte. On a appelé « appâter » cette manière de procéder, et les chiens étaient les « appâts ». Le fait que même des canards puissent être attirés prouve l'attrait que les appels au jeu chez les chiens ont acquis au cours de leur évolution.

Cependant, certains jeunes chiens ont trop peur pour se joindre à des parties de jeu avec leurs aînés. Les adultes trouvent frustrant ce refus et se donnent beaucoup de mal pour attirer leurs petits compagnons. Un des stratagèmes, dans ce contexte particulier, consiste à afficher une « attitude rassurante ». Un animal dominant se laisse tomber par terre de tout son long près du jeune timide et se roule sur le dos dans une position de totale passivité. Cette représentation momentanée d'un statut d'infériorité permet au jeune de se sentir plus important, et, hardiment, il se rapproche. Le jeu peut alors commencer. Cette forme d'interaction peut également s'observer quand un très gros chien veut jouer avec un tout petit. La position de soumission du molosse est très efficace pour mettre à l'aise le petit et permettre d'entamer une partie de jeu.

Pour que les chiens adultes sachent bien jouer, il est indispensable qu'ils aient pu s'exercer avec leurs compagnons de portée quand ils étaient petits. C'est au cours des premiers mois de leur vie que les chiots découvrent le besoin de « mordre en douceur ». Au début, lorsqu'ils commencent à se bagarrer les uns avec les autres, ils ne se retiennent pas quand ils mordent, et leurs dents pointues provoquent chez la victime cris et gémissements de douleur. Mais, quand ils se rendent compte que leurs morsures interrompent le corps à corps ludique, ils apprennent rapidement à modérer la puissance des mouvements de leurs mâchoires. Les chiens qui ont été isolés lorsqu'ils étaient petits ont pu être privés de cette phase de jeu précoce et sont parfois une source d'ennuis lorsqu'ils arrivent à l'âge adulte. Ne sachant pas mordre en douceur, ils font mal en jouant et le jeu peut dégénérer rapidement en vraie bagarre. Ces chiens-là deviennent vite une plaie dans les jardins publics, où les chiens aiment à se rencontrer pour jouer ensemble.

Pourquoi les mâles aiment-ils qu'on leur gratte la poitrine?

Au cours d'une émission télévisée, une dresseuse de chiens renommée provoqua, un jour, l'hilarité générale dans le studio, en déclarant qu'il était extrêmement important de gratter un mâle entre les jambes. Elle expliquait, bien entendu, la meilleure manière de faire plaisir à un chien mâle quand on veut le caresser. En fait, il existe sept façons différentes d'établir un contact physique amical avec le chien, et certains facteurs cachés, qui interviennent dans le mode de contact que nous choisissons, sont étonnants.

Gratter la poitrine d'un chien mâle, entre ses pattes de devant, est, en effet, un geste qu'il apprécie beaucoup. La raison en est évidente. Quand il monte une femelle, et qu'il donne des poussées pelviennes, sa poitrine frappe en cadence contre le dos de sa partenaire. En le frottant avec la main à cet endroit, nous déclenchons le souvenir du plaisir quelque part au fond de son esprit. Cette forme particulière de contact est particulièrement indiquée si l'on veut flatter un chien mâle.

Chatouiller ou gratter un chien derrière les oreilles paraît également lui procurer du plaisir. Ce geste a, lui aussi, une signification sexuelle, puisque lécher les oreilles, renifler et mordiller font partie des préliminaires de la cour.

Si vous repoussez doucement un chien qui veut jouer, vous le mettez en émoi. En effet, sans le faire exprès, vous avez pris part à une bagarre simulée. Le chien joueur saute aussitôt en avant, vous encourageant à le repousser encore une fois. Le jeu peut continuer, le chien se mettant à mordre pour rire : il prend gentiment votre main entre ses mâchoires ou vous laisse prendre son museau dans votre main. A condition que tous les gestes, de part et d'autre, soient faits suffisamment en douceur, ce type d'interaction ludique sert à renforcer le lien entre le maître et l'animal, tout comme entre deux chiots qui jouent ensemble.

Flatter un chien est sans doute la forme la plus courante d'un contact physique entre l'animal et son maître. Cette manière de faire a, pour nous, une signification spéciale, car c'est le geste que nous utilisons quand nous donnons l'accolade à des amis et à ceux que nous aimons parmi notre propre espèce. Flatter le dos du chien nous donne inconsciemment l'impression que nous sommes en étroite intimité avec un ami très proche. Pour le chien, la récompense est autre. Étant donné que les chiens ne se flattent pas mutuellement le dos, que représente donc cet acte pour eux? Il semble qu'ils interprètent ce geste comme une poussée amicale effectuée par un autre chien avec son corps ou son museau. C'est le geste que les chiots accomplissent quand ils pressent contre le ventre de leur mère, et les chiens subalternes en font autant à l'égard des chiens dominants. Pour notre animal familier, ce type de contact doit être extrêmement satisfaisant. Il doit y voir un acte de soumission de notre part, et, comme il sait que nous sommes les membres dominants de sa meute, il ne peut l'interpréter que d'une seule façon : une manifestation rassurante. Lorsque les chiens du haut de la hiérarchie veulent rassurer ceux du bas, il arrive qu'ils s'en approchent en adoptant une attitude faussement soumise, ce qui met à l'aise les plus faibles. Voilà comment les chiens doivent ressentir nos caresses.

Les chiens à longue robe soyeuse nous incitent parfois à les caresser plutôt qu'à les flatter, comme si nous avions affaire à un chat plutôt qu'à un chien. Ce geste a moins d'impact, mais l'effet d'une toilette en douceur doit rappeler à l'animal l'époque lointaine de sa mère, lorsqu'il n'était qu'un petit chiot léché par la langue énorme de la chienne.

Les enfants, en particulier, aiment se serrer contre leur chien, et les animaux tolèrent extrêmement bien ce type de comportement. Or, s'ils acceptent si facilement ce genre de contact, c'est qu'il leur rappelle le temps passé avec leurs compagnons de portée, lorsqu'ils étaient collés les uns contre les autres pour se sentir en sécurité et au chaud, ou lorsque leur mère, dans le nid, les enveloppait de son large corps.

Enfin, beaucoup de chiens aiment qu'on leur frotte le côté de la tête, surtout le long de la mâchoire. Dans ce contact, l'être humain accorde à l'animal un geste que ce dernier effectue souvent lui-même pour son bien-être. Les chiens, qui souffrent de légères irritations dans la région de la bouche, en particulier des dents, aiment se frotter le côté de la tête contre les coins durs des meubles. Grattés ou frottés à cet endroit par leur maître leur évite de le faire eux-mêmes, et leur fait plaisir.

En revanche, les chiens ne sont pas vraiment emballés par la grande toilette de pied en cap qu'ils doivent endurer quand ils participent à des expositions canines. Des heures passées à se faire minutieusement baigner et brosser le poil, c'est plus qu'un chien ne peut comprendre. Sa toilette prend une importance qu'elle n'a jamais tenue dans la vie sociale du chien. Pourtant, comme il est un subalterne de la maison, il n'a pas grand choix et, stoïque, il supporte ce traitement comme s'il était rudoyé par un chien dominant. Les êtres humains ont une chance inouïe que leur plus proche compagnon animal appartienne à une espèce aussi coopérative et aussi sociable.

Comment se comporte un chien dominé?

Réponse, en trois mots : comme un chiot. Chez beaucoup d'espèces animales, les adultes faibles prennent des attitudes juvéniles ou exécutent des actes infantiles, lorsqu'ils sont menacés par un individu dominant. S'ils n'ont pas le courage de répondre à la menace par une autre menace et s'ils risquent de s'engager dans une querelle grave, ils ont recours à ce qui équivaut au drapeau blanc chez les hommes. Le problème consiste à trouver ce qui peut faire disparaître l'humeur agressive de l'attaquant. C'est dans ce but qu'il adopte une attitude qui est l'inverse de celle exprimant une menace. Si, chez une espèce, l'agresseur baisse la tête quand il est prêt à charger, l'animal soumis relève la tête. Si, dans telle autre, l'agresseur lève la tête pour avoir l'air plus imposant, celui qui se soumet simplement baisse la sienne. Si l'agresseur hérisse son poil, l'animal soumis aplatit le sien. Si l'agresseur se redresse, l'autre s'accroupit. Et j'en passe... Mais, s'il y a deux types fondamentaux de stratégie animale pour apaiser un agresseur, celui-ci n'en représente qu'un.

L'autre solution consiste à éveiller, chez l'agresseur, une humeur qui sera fortement en contradiction avec son hostilité et qui la réprimera donc. D'ordinaire, les adultes ont de profondes inhibitions quand il s'agit d'attaquer des jeunes de leur propre espèce. Aussi, la manifestation soudaine d'un pseudo-comportement de chiot par un chien adulte peut avoir l'effet désiré et bloquer l'assaut.

Les chiens utilisent deux stratagèmes : l'un pour les moments de soumission passive, l'autre pour la soumission active. Dans les manifestations passives, l'animal faible n'a guère le choix. L'agresseur s'approche et menace. L'individu subalterne s'accroupit, essaie de se faire aussi petit que possible, puis, s'il ne réussit pas à prévenir l'assaut, roule sur le dos, les pattes mollement relevées. Il peut, dans cette position, émettre un petit jet d'urine. Ce comportement imite celui des très jeunes chiots, au moment où leur mère s'approche d'eux pour les lécher, stimulant, de ce fait, la miction. (Lorsqu'ils n'ont que quelques jours, ils n'urinent pas d'eux-mêmes. La chienne doit les retourner à l'aide de son museau, puis leur lécher le ventre à plusieurs reprises pour provoquer l'écoulement de l'urine.) En adoptant exprès cette posture, l'adulte soumis transmet le signal infantile le plus puissant du langage corporel des chiens. Il réussit d'ailleurs le plus souvent à dissiper, comme par enchantement, l'hostilité de l'agresseur.

La soumission active exige une tactique différente. Si l'animal faible désire s'approcher d'un chien dominant, il ne peut le faire en se couchant sur le dos. Il lui faut trouver une manifestation d'apaisement pour signaler que ses intentions sont dénuées de toute hostilité. Il y parvient en utilisant un autre geste exécuté par les chiots à l'intention de leurs aînés. On peut le décrire comme le léchage de la face, tout en s'accroupissant. Quand les chiots atteignent leur premier mois, ils commencent à quémander leur nourriture auprès des adultes. Pour cela, ils lèvent le museau et le fourrent contre la bouche de l'animal adulte. Ils lèchent sa face et donnent des petits coups contre sa tête jusqu'à ce qu'il consente à régurgiter des morceaux d'aliments. La soumission active suit le même schéma. Avec une différence, qui n'est pas négligeable : l'animal subalterne est à peu près de la même taille que celui qui le domine. S'il se contente de s'approcher du chien « fort » et de lui lécher la face, la démarche va paraître trop assurée. Pour éviter cela, il abaisse son corps en position semi-accroupie. Il se trouve ainsi réduit au « niveau du chiot ». C'est dans cette position appropriée qu'il peut enfin *lever* la tête vers la bouche du chien dominant pour recréer alors l'attitude infantile visée.

En adoptant cette posture juvénile du chiot qui réclame sa nourriture, un adulte subalterne peut s'approcher très près d'un chien de son groupe social, sans risquer d'être attaqué. Cette convention permet aux animaux de rester à proximité l'un de l'autre, sans que des querelles incessantes éclatent.

Un chien vaincu présente-t-il sa gorge à son attaquant?

Non. Mais pourquoi cette question? Parce que le fameux naturaliste autrichien, Konrad Lorenz, a tiré un certain nombre de conclusions de l'observation suivante : lorsqu'un loup (ou un chien) férocement agressif a vaincu son rival et qu'il est sur le point de le tuer d'un coup de dents, l'animal plus faible tourne rapidement la tête pour offrir sa gorge vulnérable. La veine jugulaire exposée aux crocs de l'attaquant, il se met, d'une manière subite et délibérée, à la merci de l'assaillant. Ce dernier accepte aussitôt cette façon canine de « mettre les pouces » ou de « hisser le drapeau blanc ». Il maîtrise son désir féroce de mordre, reconnaissant la capitulation de son adversaire selon les meilleures règles de la chevalerie. Ce comportement plein de noblesse a impressionné Lorenz, qui a bâti autour toute une théorie.

Malheureusement, celle-ci se fonde sur une lecture erronée du comportement canin. Ce que Lorenz a vu, c'est un animal qui détourne la tête et reste absolument immobile, tandis que l'autre le renifle et lui donne un coup de dent au museau. Il a alors supposé que l'animal qui essayait de mordre était l'agresseur dominant, qui se retenait de le faire quand l'autre lui « montrait un point vulnérable ». En fait, il fallait inverser les rôles. Celui qui mordait était l'animal subalterne accomplissant sa manifestation de soumission active, une manifestation empruntée au comportement des chiots qui quémandent leur nourriture et essaient de convaincre un parent de régurgiter son repas. Celui qui détournait froidement la tête était l'animal dominant, qui réagissait par le mépris à cette manifestation soumise de la part de l'animal plus faible.

Dans les rares occasions où les bagarres deviennent vraiment graves, aucun n'offre sa gorge. Le chien vaincu ne trouvera son salut que dans la fuite, aussi vite et aussi loin qu'il le pourra. Autrement, il risque bel et bien de se faire tuer. C'est ainsi que de jeunes mâles finissent par être chassés des meutes de chiens harets (ou de loups sauvages). S'ils ont pris de gros risques et se sont fait battre par le chien dominant, ils n'ont plus qu'à quitter le groupe pour essayer de survivre par eux-mêmes, ou à se joindre à des proscrits d'autres groupes pour constituer une nouvelle meute.

Pour le chien familier qui vit sous notre toit, ces aspects de la violence canine n'ont que peu de sens. Leur « chef », c'est leur maître, et celui-ci est trop dominant pour qu'une contestation sérieuse s'engage. Leur vie sera faite de soumission affectueuse, de paix, de tranquillité... jusqu'à l'arrivée du facteur. Étranger, il est perçu comme appartenant à une autre meute; il faut donc relever immédiatement le défi. Pour peu que le pauvre homme ait lu un des livres de Lorenz, il ne lui restera qu'à présenter sa jugulaire au chien qui fonce vers lui. Mais la suite des événements risque de le surprendre.

Pourquoi le chien qui a peur met-il sa queue entre ses pattes?

Chacun connaît le sens de cette position de la queue. Mais pourquoi a-t-elle pris ce rôle particulier dans le langage du corps, chez les chiens? Pourquoi la position rabattue de la queue est-elle liée à la peur, l'insécurité, la subordination, l'apaisement et la manifestation de l'appartenance à un rang inférieur dans la hiérarchie, alors que la position relevée de la queue est le signe de la domination et d'un rang élevé?

La réponse ne se trouve pas dans la queue elle-même, mais dans ce qui se situe en dessous. En rabattant la queue et en l'amenant entre les pattes arrière, le chien apeuré arrête effectivement les signaux odorants qui proviennent de sa région anale. Lorsque deux chiens appartenant au haut de la hiérarchie se rencontrent, ils relèvent fièrement la queue pour permettre un examen rapproché de leur zone anale. Étant donné que les glandes anales contiennent des odeurs personnelles qui identifient chacun des chiens, l'acte qui consiste à placer la queue entre les pattes correspond, pour un chien, à se voiler la face pour un être humain qui a peur.

Pour un chien d'appartement qui vit tout seul dans une famille humaine, cette manifestation est sans conséquence. Mais dès lors qu'il y a un groupement social de chiens, à l'intérieur duquel le statut relatif et l'ordre hiérarchique sont essentiels, ce geste est un signal d'une importance vitale, qui protège les membres les plus faibles du groupe contre les plus forts. Il va de soi qu'il est particulièrement significatif dans la société des loups en pleine nature. Un loup subalterne va rabaisser sa queue s'il s'approche d'un mâle dominant, coinçant étroitement sa queue entre ses pattes arrière quand il passe à proximité du « chef », pour la relever dès qu'il se trouve hors de portée.

En ce qui concerne ces manifestations de la queue, il existe une différence suprenante entre le chien domestique et ses ancêtres sauvages. Se distinguant des chiens, les loups portent, sur la queue, une glande pré-caudale, qui est visible sous la forme d'une tache sombre à une dizaine de centimètres de la base de la queue. Entourée de poils raides au bout noir, cette petite glande de la peau est constituée d'un groupe de glandes sébacées modifiées qui produisent une sécrétion graisseuse. Comme les glandes anales, sa seule fonction consiste à donner un signal à l'odeur, et sa position sur l'extérieur de la queue est significative. Située à cet endroit, elle fournit un point à renifler qui agit comme une zone anale simulée. Quand un loup s'approche d'un congénère pour lui renifler l'arrière-train, il sent une sorte de glande odorante si la queue est relevée (la glande anale), et une autre, dans la même position, si la queue est baissée (la glande pré-caudale de la queue). Cela signifie que, chez le loup, la signalisation à l'odeur est plus complexe que chez le chien domestique.

La raison pour laquelle le chien a abandonné le signal lié à la glande de la queue n'est pas très claire. Tous les autres changements intervenus au cours des 10 000 ans de l'évolution du chien depuis l'époque du loup ont été soigneusement sélectionnés par des éleveurs pour améliorer, chez leurs animaux, telle ou telle qualité, sélection qui a abouti à la création des multiples races que nous connaissons aujourd'hui. Mais, comme c'est seulement à une époque récente que l'on s'est intéressé à la fonction de la glande de la queue chez le loup, on voit mal comment celle-ci aurait pu être un centre d'intérêt chez les éleveurs au cours des siècles passés. Elle a dû cependant être éliminée très tôt, car sa disparition semble avoir eu lieu chez toutes les races de chiens. C'est la seule différence entre chiens et loups qui reste, aujourd'hui, un mystère absolu.

Dernière remarque sur les queues relevées ou rabattues chez les chiens et les loups : bien que la fonction première de ces manifestations soit, de toute évidence, la modification des signaux à l'odeur, son effet secondaire, le message visuel qu'il représente, n'est pas sans importance. Ainsi, l'animal qui suit de loin comment se passe une rencontre peut voir du premier coup d'œil lequel des deux « acteurs » est dominant et lequel est soumis, simplement en observant les silhouettes. En un instant, il peut voir si un changement est intervenu dans les rapports hiérarchiques et si l'animal plus faible va, en fin de compte, défier l'autre.

Comment se comporte un « chef de meute »?

La plupart du temps les propriétaires remarquent chez leur chien un comportement affectueux ou docile, car les membres humains de la « meute » se trouvent vraiment au sommet de la hiérarchie. Mais lorsque plusieurs chiens vivent ensemble, on peut regarder comment le « chef de meute » traite ses subalternes.

Si sa domination est remise en cause, l'aîné des mâles va se livrer à une manifestation menaçante pour essayer de soumettre l'impudent sans avoir à recourir à la force. Cette manifestation a essentiellement un double aspect : l'animal dominant se donne l'air plus gros et plus fort, ce qui prouve qu'il est fin prêt à foncer pour attaquer, en cas de besoin. Cela suffit en général à mettre le rival en déroute.

La manifestation menaçante comporte dix éléments caractéristiques, dont chacun transmet son signal particulier à l'ennemi :

1. Il met à nu ses dents en relevant la lèvre supérieure et en abaissant la lèvre inférieure. Ce geste, qui fait ressortir les canines et les incisives, montre que l'animal menaçant est prêt à planter ses crocs dans l'adversaire.

2. La bouche, ouverte, indique que le chien est prêt à faire jouer ses mâchoires.

3. Les commissures des lèvres se tendent en avant. Il s'agit là de l'inverse des mimiques faciales exprimant l'amabilité, l'humeur ludique et la soumission, où les

commissures des lèvres sont étirées vers les oreilles. Ce détail particulier, dans ce type de manifestation, montre sans conteste que l'animal n'a pas envie d'être aimable, enjoué ou soumis.

4. Les oreilles sont dressées et pointent vers l'avant. Même les races aux oreilles tombantes font une courageuse tentative pour adopter cette position, qui dit à l'adversaire que le chien est en état d'alerte et qu'il guette intensément chez l'autre tout bruit révélateur de peur ou d'agressivité. Les oreilles dressées prouvent également que l'agresseur est si sûr de lui qu'il ne ressent pas même le besoin de protéger ses oreilles en les aplatissant.

Voilà donc les éléments de mimiques faciales exprimant la menace. Mais le reste du corps aussi transmet des signaux :

5. La queue est dressée, dans une position qui est l'inverse de celle de la soumission, où la queue est plaquée entre les jambes. Cette position dressée de la queue dégage la région anale, avec ses odeurs particulières. Ces odeurs identifient le chien (alors que le chien qui a la queue rabattue essaie de dissimuler son identité). Elles informent de manière précise l'animal plus faible de la personnalité de son interlocuteur.

Le corps de l'animal menaçant prend l'air aussi gros que possible :

6. Des touffes de poils érectiles spéciaux sont situées autour des épaules, sur le dos et l'arrière-train. Cet ensemble crinière et crête se hérisse quand l'animal se manifeste de la façon la plus menaçante possible.

7. En même temps, les pattes sont tendues et tout le corps paraît subitement plus massif et plus puissant, plus impressionnant.

8. L'effet est accentué par un regard fixe, intense, qui ne faiblit pas.

9. L'animal émet un grondement sourd.

10. En raison de l'extraordinaire tension du corps, la queue, toujours redressée, tremble.

Ce spectacle impressionnant suffit le plus souvent pour que le rival apeuré s'en aille piteusement. Cette attitude est utilisée lors de confrontations graves, lorsque l'animal dominant sent que son rang élevé risque d'être contesté. A d'autres moments, lorsque l'humeur est à la détente, un chien dominant peut se contenter de rappeler, de temps à autre, sa puissance en faisant appel à d'autres types de manifestations. Parmi celles-ci, il y a le rituel du flanc, où le chien dominant se pousse exprès contre le plus faible, qui se tient alors debout ou couché. Le chien fort se met en travers du subalterne, comme s'il essayait de lui barrer le passage, et il reste assez longtemps immobile comme pour dire : « Je contrôle tes mouvements. » Sinon, il peut accomplir le rituel de la monte : il se cabre et pose ses pattes de devant sur le dos ou les épaules de l'animal inférieur. C'est là le premier pas vers la monte en vue de la copulation, mais le geste est ici dépourvu de son contexte sexuel. C'est une manière de dire, en langage canin : « Tu peux te l'accrocher. »

Les autres façons, pour l'animal dominant, de faire comprendre à ses inférieurs qui est le chef sont la menace de bondir et la menace de l'embuscade. Dans le premier cas, le chien accomplit un mouvement, signifiant qu'il va bondir sur son adversaire, sans toutefois se donner la peine d'accomplir le geste. Dans le second cas, le chien s'accroupit comme s'il s'embusquait tout en se faisant parfaitement remarquer de son rival. Dans les deux cas, le subalterne comprend très vite le message et réagit comme il convient.

Ces diverses menaces ont pour mission de rappeler aux chiens inférieurs le rang élevé du chef. Mais il n'a pas besoin d'y recourir souvent, si le clan vit ensemble. En fait, les relations à l'intérieur du groupe sont, le plus souvent, bien organisées et amicales. Chez une espèce pour laquelle la chasse en coopération est le secret d'une évolution réussie, il est indispensable que les chiens, ou les loups, dominants ne se montrent pas trop tyranniques.

Pourquoi un chien enterre-t-il son os?

Pour comprendre pourquoi les chiens domestiques enterrent quelquefois des os, il faut prendre en compte la manière de chasser des loups en liberté. Les loups solitaires, qui se débrouillent tout seuls, traquent, poursuivent, et attrapent d'un bond de petites proies, comme des souris. Avec le bond, la proie se trouve prise sous les pattes antérieures de l'agresseur. Il s'en empare alors et la mord rapidement à plusieurs reprises, puis il l'avale goulûment. Les proies un peu plus grosses, comme les lapins, subissent le même sort. Si une proie de cette taille se révèle difficile, le chien peut lui administrer quelques vigoureuses secousses. Mais, en principe, plusieurs coups de dents suffisent à maîtriser les rebelles. Les animaux de taille moyenne, comme les moutons ou les petits daims, sont tués par une morsure à la gorge. La mort ne prend que quelques secondes. Avec tous ces animaux, de la souris au mouton, à quoi bon stocker de la nourriture en l'enterrant? Même un petit daim peut être consommé rapidement par une poignée de loups. Chaque loup adulte peut dévorer pratiquement dix kilos de viande en un seul repas, et vingt kilos sur une durée de vingt-quatre heures.

C'est seulement lorsque la proie est très grosse, comme un cerf, du bétail ou un cheval, que les loups ont vraiment de la nourriture en trop. Même dans ces cas-là, néanmoins, ils abandonnent en général la carcasse sur place, après s'être rassasiés, et ils y reviennent plus tard. Cependant, si la meute de loups est petite, et ne comporte que quelques adultes, ils prendront peut-être la peine de déchiqueter en larges quartiers la viande pour l'enterrer dans le sol. Cette précaution met la nourriture à l'abri des charognards, en particulier des oiseaux comme les corbeaux, les corneilles et les vautours. Pendant les chaleurs estivales, ce geste protège aussi la viande des mouches et des asticots. En principe, la viande est enterrée près de l'endroit où la bête a été tuée, mais quelquefois les morceaux sont rapportés jusqu'au repaire et cachés à proximité.

Pour enterrer la nourriture, l'animal creuse un trou à l'aide de ses pattes antérieures tout en serrant son butin fermement entre ses mâchoires. Lorsque le trou est assez grand, le loup ouvre simplement la gueule et laisse tomber la viande. Il se sert alors de son museau pour repousser la terre au-dessus de sa cache. Contrairement au chat, il ne se sert jamais de ses pattes de devant pour combler un trou qu'il vient de creuser. Lorsque le trou est recouvert, l'animal administre, avec son museau, quelques coups pour l'aplatir, puis il s'en va. Il revient le lendemain, creuse la terre avec ses pattes antérieures, s'empare avec ses mâchoires de son trésor, le secoue bien pour le débarrasser de la terre qui y adhère, puis s'installe pour manger.

Si nous en revenons au chien domestique, il nous est facile de voir quelles sont les conditions qui peuvent pousser l'animal à enterrer sa nourriture. En premier lieu, ce geste implique qu'il a trop à manger. Le chien affamé dévore tout ce qu'il peut, comme ses ancêtres les loups. Seuls les restes qu'il ne pourrait plus avaler seraient emportés au jardin pour être enterrés. Cependant, la nourriture pour chiens, même dans les maisons où les animaux sont gavés par leurs propriétaires, ne peut se transporter, être gardée entre les mâchoires pendant qu'un trou est creusé. Les chiens, essentiellement nourris d'aliments mous, dont on remplit leurs plats, n'auront jamais l'occasion d'enterrer quoi que ce soit. Sauf si on leur donne un bon gros os! Là, enfin, ils pourront transporter quelque chose entre leurs dents et aller le cacher dans un trou.

Pourquoi les os ont-ils acquis cette réputation d'objets qu'on enfouit? Il se trouve que, même si les chiens en question ne sont pas gavés et n'ont pas vraiment trop à manger, un gros os solide, qu'on ne peut réduire en plusieurs morceaux et consommer, a pour lui la valeur essentielle d'un objet alimentaire qui « ne peut être consommé tout de suite ». C'est ce côté « reste » qui amènera le chien, même affamé, à l'enterrer.

On voit parfois des chiens familiers, surnourris d'aliments en boîte, se livrer à un curieux vestige de l'enfouissement alimentaire. Ils savent que l'excédent de nourriture est bon à manger, mais ils n'ont plus faim. Ils tentent d'enfouir le plat tout entier dans le coin d'une pièce. Les gestes de l'enfouissement ne sont, dans ces cas-là, que fragmentaires. En général, l'animal se contente de quelques mouvements du museau pour le « recouvrir », poussant le plat sur le sol, sans autre conséquence, et le chien ne tarde pas à abandonner la partie. Mais c'est, pour l'animal, une manière de dire à son maître qu'il a trop à manger. Plutôt que d'abandonner le surplus à des charognards imaginaires, l'animal esquisse les gestes nécessaires pour mettre les restes de côté pour une prochaine fois.

Combien de repas le chien prend-il?

Les maîtres donnent en général deux repas par jour à leurs chiens, ce qui, avec de l'eau fraîche, suffit à les maintenir en bonne santé, à condition que la nourriture soit variée et pas exclusivement carnivore. Les chiens sauvages et les loups consomment une certaine quantité de végétaux en dévorant les entrailles de leurs proies herbivores, et les chiens domestiques ont des besoins nutritionnels identiques. Cependant, condamner les chiens d'intérieur à un régime végétarien, comme le veut une tendance actuelle, est pis encore que les régimes essentiellement carnés. Tout comme l'homme, le chien est omnivore, et il lui faut un menu équilibré.

Certains maîtres ont la curieuse idée que leur chien doit jeûner un jour par semaine. Cette diète hebdomadaire repose sur le fait que les loups en liberté peuvent se passer de nourriture pendant des durées prolongées. On a enregistré, dans des conditions particulièrement rudes, des périodes de quatorze jours sans manger. Ces jeûnes sont suivis de solides ripailles sans retenue et d'une digestion rapide, lorsque ces prédateurs arrivent enfin à s'emparer d'une grosse proie et à la tuer. Comme ce schéma alimentaire existe en pleine nature, certains s'imaginent que c'est la meilleure façon de se nourrir. Mais il n'en est rien. S'ils se trouvent dans un milieu plus prospère, où le gibier abonde, les loups mangent toujours plusieurs fois par jour. Le fait qu'ils parviennent à survivre en s'empiffrant ne doit pas servir de référence pour le régime alimentaire des chiens domestiques.

Peut-être serait-il bon de rappeler que, dans les temps anciens où nous ne vivions que de la chasse, nos lointains ancêtres connaissaient, eux aussi, un régime où les jours de ripaille et de jeûne alternaient le plus souvent. Mais, même si nous pouvions retourner aujourd'hui à ce schéma alimentaire sans en mourir, nous nous portons infiniment mieux en faisant plusieurs repas par jour. Or, pour le chien, c'est exactement pareil.

Pourquoi le chien de berger est-il un si bon gardien de moutons?

La dextérité époustouflante dont les bergers et leurs chiens font preuve fascinent le public. On croirait qu'il existe une relation mystérieuse, presque télépathique, entre l'homme et l'animal. Pourtant, aussi étonnant que soit un spectacle de ce genre, il s'explique assez aisément en termes de comportement de chasse chez les chiens. Le chien de berger fait appel à des instincts hérités du loup ancestral et il modifie son ancien schéma comportemental de chasseur pour l'adapter aux besoins de son maître. Ce processus devient plus clair quand l'on considère comment une meute de loups se conduit au cours de la traque.

Être encerclé par une meute de loups est une expérience inoubliable. Même au milieu d'un clan que l'on connaît depuis la naissance, on éprouve une sensation étrange, tandis que les animaux se déploient tout autour de vous. On comprend subitement ce que peut ressentir le cerf aux abois, quand il va mourir. Mais, au même moment, on comprend en un éclair ce que fait le chien de berger quand il garde un troupeau de moutons. Courant ici et là, il s'efforce d'agir comme une meute de loups à lui tout seul. Les chiffres sont indiscutablement contre lui. Au lieu d'une proie poursuivie par un groupe de prédateurs, il y a un seul prédateur et une multitude de proies. A lui seul, le pauvre chien de berger doit abattre le travail de dix loups. Comment s'étonner, d'ailleurs, que ces chiens étonnants, épuisés par un travail exigeant, meurent plus jeunes que ceux appartenant aux autres races?

Si le chien de berger dépasse ses propres limites, c'est pour la raison suivante : dès qu'il s'accroupit quelque part, pour poser un regard fixe sur le troupeau, il constate, avec un sentiment d'horreur pour le loup qui sommeille en lui, qu'il n'y a pas de loup à sa gauche, pas plus qu'à sa droite d'ailleurs. Il est sans aide pour réaliser l'encerclement primitif. Il galope alors en tous sens, court et s'accroupit ici, là, partout à la fois, essayant de former à lui seul un cercle de loups. L'instinct du loup au fond de lui l'y oblige, envers et contre tout.

La stratégie de la chasse dont il fait la démonstration repose sur quatre « recommandations » innées. Voici la première : quand tu auras isolé une proie, tu t'en approcheras à peu près à la même distance que tes congénères. Deuxièmement : tu te placeras à égale distance du loup à ta gauche et de celui qui est à ta droite. Rassemblées, ces deux règles engendrent automatiquement la formation d'un cercle autour du gibier. Qui a jamais vu une meute se mettre en cercle autour de votre personne comprendra exactement comment ces deux principes agissent l'un sur l'autre. Lorsque le groupe vous aperçoit et s'avance, il peut être étroitement ramassé. Puis, à mesure qu'il s'approche, chaque loup s'écarte de ses voisins et continue à se déployer, en restant à une distance donnée par rapport à vous. L'encerclement, qui paraît une opération complexe et délicate, est en fait une manœuvre très simple. Le chien de berger, qui se démène pour passer d'une position à une autre tout autour du troupeau de moutons, se donne sa « distance clé » par rapport au troupeau, puis fait en sorte d'assurer, l'un après l'autre, les différents postes des absents.

Troisième particularité d'une meute de loups en chasse : l'embuscade. Un loup donné peut, de son propre chef, se séparer de la meute disposée en cercle pour se cacher de la proie. Couché immobile sur le sol, il attend que le reste du groupe amène lentement vers lui la victime presque encerclée. Ce raffinement de l'embuscade fait également partie de la stratégie du chien de berger. Parfois, il se met à courir puis il s'allonge, comme s'il était caché, bien à plat sur le sol, posant son regard fixe sur le troupeau. En cet instant précis, il est le loup embusqué... Mais, dès que le troupeau recommence à bouger, il faut qu'il redevienne le groupe encercleur.

Le dernier aspect, d'une importance capitale, de la chasse du loup est le rôle du membre dominant de la meute. C'est lui, le chef, qui amorce les divers mouvements et décide du choix de telle proie en particulier. Les autres loups accordent beaucoup d'attention à son comportement et prennent exemple sur lui. Ce procédé permet d'éviter les désaccords, qui anéantiraient complètement les efforts de la chasse. Pour le chien de berger, le berger est le loup dominant, de sorte que ses ordres sont immédiatement acceptés, lorsque des décisions sont prises sur la manière de manipuler le troupeau.

Voici les dix ordres spécifiques que le berger adresse à son chien :

1. *Stop !* (Arrête-toi, quoi que tu fasses en ce moment.)

2. *Couché !* (Prends la position de l'embuscade, reste calme et immobile par terre, face au troupeau, et regarde-le d'un œil fixe.)

3. *A gauche !* (Va vers la gauche du troupeau et, si le signal est répété, continue à les encercler dans cette direction.)

4. *A droite !* (Pareil, mais dans l'autre sens.)

5. *Ici!* (Viens vers le berger, quel que soit l'endroit où tu te trouves.)

6. *Va!* (Rapproche-toi du troupeau, quel que soit l'endroit où il se trouve.)

7. *Recule!* (Éloigne-toi du troupeau.)

8. *Doucement!* (Ralentis ce que tu fais.)

9. *Dépêche-toi!* (Accélère ce que tu fais.)

10. *Ça va!* (Laisse les moutons et retourne sur le côté du troupeau.)

Avec ces dix commandements, qui reposent sur le schéma de chasse du loup, le berger peut obtenir de son chien tous les mouvements subtiles et complexes en apparence dont il a besoin. Il transmet les ordres par un mélange de coups de sifflet, de cris et de signaux visuels exécutés avec les bras.

Détail intéressant, la manœuvre que le berger a le plus de mal à enseigner à son chien est *d'éloigner* de lui le troupeau. Cet ordre va en effet à l'encontre de la stratégie de chasse du loup : jamais, dans la vie sauvage, le loup dominant (que représente le berger) n'aurait voulu que ses subalternes éloignent de lui la proie. Malgré cela, les chiens de berger réussissent à exécuter leur mission, grâce à leur obéissance absolue envers leur maître.

De temps à autre, il arrive qu'un mauvais chien de berger se lance au milieu des bêtes et se mette à vouloir mordre les pattes des moutons, comme s'il se lançait à l'attaque du troupeau. Mais pareil comportement est rare. Un élevage sélectif paraît avoir mis au point un type de chien, dont le collie des Borders est le plus connu en Angleterre, qui paraît éprouver une réticence spontanée à poursuivre les étapes préliminaires de la traque jusqu'aux phases suivantes de la chasse, l'attaque et la mise à mort.

Pourquoi le chien d'arrêt marque-t-il l'arrêt?

Le pointer est une race de chiens d'arrêt qui chasse à l'odorat. Dès qu'il a repéré le gibier, il s'immobilise net et prend une attitude curieuse « marquant l'arrêt ». Il baisse la tête, étire le cou vers l'avant. La queue est tenue à l'horizontale, droite et rigide dans le prolongement du corps. Et, surtout, une de ses pattes antérieures reste levée en l'air, comme s'il avait arrêté son geste en cours de route. Absolument figé, comme pétrifié, l'animal peut maintenir cette position très longtemps. Seul un léger tremblement ou un frémissement, en particulier de la queue, trahit l'excitation et la tension du moment.

Un pointer a pu, dit-on, conserver cette position pendant des heures. Mais, au cours d'une chasse normale, les compagnons humains du chien ne tardent pas à rompre le charme en tirant sur le gibier au moment où celui-ci, débusqué, quitte son abri. Ce geste délivre le chien, qui recommence aussitôt à flairer les odeurs.

Quelquefois, on emploie deux pointers en équipe. Un animal seul peut indiquer, par l'angle de sa position, la direction d'une proie cachée, mais il n'en donne pas la distance. Deux pointers, en revanche, qui sont dans deux directions différentes et regardent fixement la même proie, apportent aux chasseurs humains les coordonnées nécessaires pour leur indiquer la direction et la distance, désignant l'emplacement précis de la malheureuse victime.

Le comportement du pointer à la chasse paraît hautement artificiel, mais il n'en est rien. Dès que les loups flairent une proie, les membres de la meute qui sont en tête s'arrêtent net et tendent leur corps, droit dans la direction d'où vient l'odeur. Les autres membres de la meute continuent alors la poursuite, essayant à leur tour de repérer l'odeur. Ils font une pause dans leur course jusqu'à ce que tous aient flairé l'odeur du gibier. Ensuite seulement, ils entament la phase suivante de leur opération de chasse. C'est cette pause du loup que le pointer accomplit. Le seul élément curieux dans le cas du chien réside dans la manière dont l'animal peut prolonger le « moment figé ». Cette prolongation de l'acte, et non l'arrêt, correspond à la spécialisation de la race.

Les setters commencent par tomber en arrêt, comme les pointers, avec une différence : dès qu'ils ont senti le gibier, ils s'assoient et, tout en restant assis, continuent d'indiquer la direction où il est caché. Leur nom, setter, est simplement une façon archaïque de prononcer le mot anglais *« sitter »,* ou : « celui qui est assis ».

La manière de procéder du setter paraît emprunter plus à la tactique de l'embuscade chez le loup qu'à sa façon de marquer l'arrêt. A certains moments de la chasse, un loup particulier va tourner en rond puis se coucher à terre, et attendre qu'on amène la proie dans sa direction. Le setter paraît avoir « développé » cet élément de chasse chez le loup pour en faire la spécialité de sa race.

Les retrievers, qui courent après le gibier lorsqu'il a été abattu et le rapportent loyalement à leurs maîtres, empruntent au loup un autre élément de chasse. Les loups sauvages rentrent à la tanière avec des offrandes de nourriture destinées aux louves qui mettent bas, ou aux louveteaux trop jeunes pour participer à la chasse. Cette tendance, fort utile au demeurant, à partager la nourriture est celle qui a été exploitée par des générations d'éleveurs pour donner naissance à la loyauté extraordinaire des chiens de fusil modernes de ce type.

Rentrer à la tanière avec de la nourriture est également à l'origine d'un jeu bien connu : le chien rapporte une balle ou un morceau de bois qu'on a lancé.

Pourquoi les chiens mangent-ils de l'herbe?

Bien que carnivores, chiens et chats se rendent parfois au jardin pour mâchouiller quelques brins d'herbe. Ils en avalent fort peu, en général, et paraissent plutôt extraire le suc des tiges que s'intéresser aux parties solides de la plante. En ce qui concerne les chats, l'explication la plus récente de ce comportement revient à dire que l'animal cherche un apport vitaminique important pour leur régime carné, sous la forme d'acide folique, lequel, comme son nom l'indique, se trouve dans les feuilles. Cette explication est probablement valable aussi pour les chiens, mais elle n'est peut-être pas la seule.

Certains maîtres ont remarqué que leur chien familier se rend sur la pelouse pour déguster quelques brins d'herbe à la suite d'une période où il a souffert de troubles digestifs, provoqués par un dérangement intestinal. Après avoir mangé de l'herbe, l'animal rentre à la maison et régurgite la verdure qu'il vient d'avaler. Pour certains, cela indique qu'il avait besoin d'augmenter le volume de fibres présent dans son régime alimentaire et que ses problèmes de santé étaient précisément liés à l'insuffisance de ces fibres. Mais, en choisissant de la mauvaise herbe, disent-ils, l'animal a empiré les choses, ce qui l'a fait vomir.

Pour d'autres, le chien voulait en fait se rendre malade et, instinctivement, il a pris l'herbe, qu'il ne peut digérer, comme vomitif. Cela paraît tout à fait improbable, étant donné que les chiens régurgitent très facilement.

Les chiens ont-ils une bonne vue?

Les chiens ont une bonne vue, mais elle diffère de la nôtre sur plusieurs points. Pendant des années, on a cru qu'ils ne voyaient pas les couleurs et vivaient dans un univers tout en noir et blanc. On sait, aujourd'hui, que ce n'est pas le cas, mais la couleur ne compte pas vraiment pour eux. Entre les bâtonnets et les cônes présents sur la rétine de l'œil, le pourcentage des bâtonnets est plus élevé chez le chien que chez nous. Les bâtonnets servent à la vision du noir et du blanc dans la pénombre; les cônes sont utiles pour voir les couleurs. L'œil du chien « riche en bâtonnets » est particulièrement adapté à un cycle quotidien, où les périodes d'activité principale se situent à l'aube et au crépuscule. C'est là ce qu'on appelle un rythme crépusculaire, qui est typique pour la majorité des mammifères. Diurnes, les humains font figure d'exception et ne peuvent être considérés comme des mammifères types pour ce qui est de la vision.

Le petit nombre de cônes dans l'œil du chien prouve que, même s'il ne peut pas s'offrir les joies en technicolor de l'espèce humaine, il doit être capable de voir au moins une certaine coloration dans son environnement canin. « Pour tout animal riche en bâtonnets et semi-nocturne (comme le chat), a dit le grand spécialiste Gordon Walls d'une façon magistrale, les lumières spectrales les plus riches apparaissent au mieux comme de subtils tons pastel d'une nature incertaine. » Certes, mais mieux vaut des tons pastel que pas de tons du tout. Au moins avons-nous le plaisir de nous dire que, lorsque nous nous promenons ensemble dans la campagne, nos compagnons à quatre pattes peuvent partager avec nous, dans une certaine mesure, les délices de la couleur.

Dans la lumière crépusculaire, en revanche, les chiens ont l'avantage sur nous. Le fond de l'œil, chez eux, est tapissé d'une couche réfléchissante, le *tapetum lucidum,* qui agit comme un dispositif d'intensification de la lumière, leur permettant une meilleure utilisation de la luminosité ambiante, aussi faible soit-elle. Comme chez les chats, qui possèdent le même « tapis réfléchissant », leurs yeux brillent dans le noir.

Autre différence entre leurs yeux et les nôtres : ils sont plus sensibles au mouvement et moins au détail. Ce qui reste immobile dans le lointain devient pour eux presque invisible. C'est pourquoi nombre d'espèces de gibier « se figent » et demeurent immobiles quand elles sont en alerte, avant d'essayer de fuir. Des expériences ont prouvé que, si le maître d'un chien reste sans bouger à une centaine de mètres de l'animal, celui-ci ne le repère pas. Si, d'autre part, un berger, se trouvant à un kilomètre et demi de l'animal, lui adresse des signaux clairs avec les mains, celui-ci peut les voir avec netteté. Cette sensibilité au mouvement est, bien sûr, d'une importance primordiale dans les longues poursuites que la chasse représente pour les chiens sauvages. Lorsque le gibier est débusqué, les yeux du chien sont au maximum de leurs possibilités.

Le chien de chasse est également aidé par le fait que son champ de vision est beaucoup plus large que le nôtre. Chez une race à tête étroite, comme le greyhound, le champ de vision couvre 270°. Un chien plus ordinaire a une portée de 250°. Les chiens à museau court ont un champ un peu plus restreint. Mais tous ont un champ de vision plus large que les humains, qui doivent se contenter d'un angle de 180°. Bien que cet atout permette aux chiens de déceler des mouvements faibles sur une tranche beaucoup plus large du paysage, ils paient cet avantage par une vision binoculaire d'une portée plus réduite, deux fois moins développée que la nôtre. C'est pourquoi nous sommes plus à même qu'eux d'apprécier les distances.

Le chien a-t-il l'ouïe aussi fine qu'on le croit?

Dans les sons graves, l'oreille du chien a à peu près les mêmes capacités que la nôtre. Dans les aigus, toutefois, le chien nous est infiniment supérieur. Notre record, nous le franchissons, en pleine jeunesse, avec quelque 30 000 cycles par seconde. Ce chiffre plonge à 20 000 lorsque nous atteignons l'âge adulte, pour chuter à 12 000 quand nous parvenons au moment de la retraite. Pour les chiens, le plafond se situe entre 35 000 et 40 000 cycles par seconde, ou, d'après des recherches récentes des Russes, pourrait atteindre les 100 000.

Cela donne au chien la possibilité d'entendre des sons qui, pour nous, sont des ultrasons. Un chien, qui dresse brusquement les oreilles et se met sur ses gardes, peut avoir perçu le couinement d'un rongeur ou d'une chauve-souris, qui nous est totalement inaudible. L'évolution d'une ouïe aussi sensible est manifestement liée aux nécessités de la chasse, chez les ancêtres de nos chiens domestiques, leur permettant de repérer la présence et les mouvements des rats, souris et autres petites proies.

Sorte de sous-produit de ce raffinement de chasseurs, les chiens familiers peuvent réagir aujourd'hui à d'infimes indices qui donnent l'impression qu'ils agissent presque par télépathie. Les exemples de chiens qui semblent savoir à quel moment leur maître va rentrer du travail sont les plus fréquents. Bien avant que les humains n'aient rien entendu, le chien se lève, le regard vif, attendant impatiemment devant la porte pour accueillir son maître. Si l'homme rentre chez lui à pied, le chien est capable de détecter le rythme particulier de sa démarche, qu'il reconnaîtra entre tous les autres bruits de pas dans la rue. Si l'homme rentre chez lui en voiture, le chien peut distinguer le bruit de la voiture familiale de tous les autres véhicules qui passent dans la rue.

Pour ceux qui ont du mal à croire à de pareilles réactions, précisons que les loups, à l'état sauvage, sont capables d'entendre un hurlement à six kilomètres de distance au moins.

Le nez du chien est-il aussi sensible qu'on le dit?

Dans l'univers des odeurs et des parfums, l'être humain est une espèce inférieure. Le chien peut sentir toute une gamme d'odeurs, en faisant preuve d'une subtilité et d'une sensibilité qui sont aussi incompréhensibles pour nous que les mathématiques supérieures pour le chien. Il est difficile de décrire en termes simples en quoi consiste cette supériorité. Pour certains spécialistes, les chiens peuvent détecter les odeurs cent fois mieux que nous. D'autres portent ce chiffre à un million. D'autres encore prétendent le plus sérieusement du monde que 100 millions de fois serait plus proche de la vérité. Or, cette vérité veut que la comparaison ne puisse être établie qu'en tenant compte d'un corps chimique particulier. Pour certaines sortes de parfums, le chien s'en tire à peine mieux que nous, parce que les odeurs en question n'ont que peu d'intérêt pour lui : le parfum des fleurs, par exemple. Mais pour d'autres substances, comme l'acide butyrique qu'on trouve dans la transpiration, des expériences ont prouvé d'une façon irréfutable que les chiens réagissent à leur odeur au moins un million de fois mieux que nous.

Les exemples démontrant leur faculté à détecter la transpiration sont absolument renversants. Ainsi, l'expérience du caillou jeté, où six hommes ramassent chacun un caillou qu'ils lancent le plus loin possible. Le chien est alors autorisé à flairer la main de l'un des hommes, dont il réussit à retrouver le caillou, qu'il rapporte. En tenant le caillou entre ses doigts juste le temps de le lancer, l'homme a déposé suffisamment de transpiration pour que le nez du chien le détecte. Plus stupéfiante encore, l'expérience de la lamelle de verre se déroule comme suit. Un unique doigt humain se pose rapidement sur une lamelle de verre parmi d'autres. Puis on met de côté les lamelles pour une durée de six semaines. Lorsqu'on les ressort pour réaliser l'expérience, le chien est capable de reconnaître la lamelle qui avait été touchée.

La transpiration des pieds humains paraît encore plus facile à déceler pour le nez du chien. Les bloodhounds peuvent suivre une piste vieille de quatre jours et traquer un individu sur environ soixante-dix kilomètres. L'odeur des pieds humains est si forte pour le chien qu'il peut retrouver la trace de certains, même dans des secteurs où beaucoup de pieds ont déambulé, chacun, qui plus est, étant chaussé.

En raison de cette aptitude, rendue possible par le fait que le nez du chien contient 220 millions de cellules olfactives – alors que le nez humain se limite à 5 millions –, l'aide des chiens a été recherchée dans de multiples domaines de détection, certains évidents et d'autres moins. Nul n'ignore que les bloodhounds ont servi, en Amérique, à suivre à la trace et à pourchasser les esclaves marrons puis, plus tard, les criminels en fuite. Mais on sait moins que des chiens ont servi à prouver si tel couple de jumeaux étaient de faux ou de vrais jumeaux. L'odeur humaine étant liée au capital génétique de chacun, les vrais jumeaux ont la même odeur corporelle et les chiens ne parviennent pas à les distinguer, alors que les faux jumeaux ont une odeur corporelle différente et peuvent facilement se reconnaître l'un de l'autre.

Parmi les autres tâches confiées au flair du chien, citons

la collecte des truffes, la détection de la drogue, la recherche des engins explosifs et le secours aux victimes d'avalanches enterrées sous la neige. Marijuana, cocaïne et héroïne, les trois drogues principales, ont une odeur hautement caractéristique, que les chiens peuvent flairer, même si les passeurs les ont soigneusement scellées dans des caches. Les tentatives des trafiquants de drogue pour dissimuler l'odeur révélatrice de ces produits ont souvent été démasquées. Amonceler, autour des sachets, des flacons de parfum corsé, des épices, du tabac, des oignons ou de l'antimite n'a jamais dupé le chien spécialement dressé par les équipes de lutte contre la drogue. Quant aux animaux dressés par les équipes de déminage, ils n'ont aucun mal à détecter le soufre dans la poudre à canon, ni l'acide dans la nitroglycérine. Quand il s'agit de reconnaître des odeurs bizarres, le nez du chien est beaucoup plus fin limier que tous les appareils inventés par l'homme.

Au cours de l'évolution, c'est surtout la détection à l'odeur du gibier à grande distance qui a motivé principalement le développement de ces étonnantes facultés olfactives. On a vu un loup détecter l'odeur d'un cerf à vau-vent à deux kilomètres de distance. Dès que l'odeur du cerf atteint la meute, les loups se figent net et orientent leur corps exactement dans la direction de la proie. Après un moment d'immobilité, pendant lequel ils vérifient l'odeur, ils se rassemblent, nez à nez, leur queue battant furieusement. Puis, au bout de dix à quinze secondes, ils démarrent en direction du cerf et la chasse commence. Pour de pareils animaux, surtout ceux qui peuplent les régions glacées du Grand Nord, ce sens aigu de l'odorat leur sauve la vie. C'est cette capacité subtile que le chien domestique a héritée de ses lointains ancêtres.

Pourquoi les chiens se roulent-ils parfois dans des immondices?

S'il est une activité canine qui remplit de désolation les maîtres délicats, c'est l'impulsion qui saisit de temps à autre leur animal familier, qui se jette sur quelque objet nauséabond et s'y vautre avec abandon. Il peut jeter son dévolu sur une carcasse en pleine décomposition, sur du crottin de cheval ou de la bouse de vache. Certains ont cru y voir une tentative, de la part du chien, pour effacer l'odeur d'un rival à l'aide de sa propre odeur. Cette interprétation provient du fait qu'on a pu observer que, lorsqu'un chien a levé la patte pour laisser sa marque sur un repère odorant, un chien passant par là un peu plus tard se sentira obligé de masquer l'odeur existante en levant la patte à son tour pour uriner exactement au même endroit.

Mais il y a une faille dans cette explication. L'odeur personnelle laissée en se frottant contre un objet est beaucoup plus faible que celle qui émane de l'urine ou des excréments. Les objets puants, dans lesquels ils se roulent, possèdent eux-mêmes une odeur particulièrement puissante et, si la fonction de ce geste avait pour but de faire disparaître une odeur, il semblerait plus approprié d'user abondamment d'urine et de matières fécales. Or ce type de réaction n'a jamais été relevé. Par conséquent, il est évident que le chien qui se vautre ne cherche nullement à dissimuler une substance malodorante, et qu'il faut trouver une explication ailleurs.

La réponse est probablement la suivante : le chien n'essaie pas de déposer son odeur sur l'objet, mais l'inverse. En se roulant dans la bouse de vache ou sur les excréments laissés par d'autres animaux, comme le cheval ou le cerf, le chien recouvre sa robe d'une odeur étrangère. Ce procédé lui fournit un camouflage idéal pour chasser ces mêmes animaux. Même une carcasse à l'odeur infecte, qui rappelle moins une « odeur de proie », masquera au moins partiellement l'odeur de prédateur du chien.

Une autre interprétation consiste à considérer « l'auto-imprégnation » comme un moyen de communiquer une information à d'autres membres du groupe social du chien. Si un chien trouve sur son chemin les excréments d'une éventuelle proie, qu'il se roule dedans puis rentre de son excursion pour retrouver les autres chiens, son geste peut faire connaître à ses congénères sa précieuse découverte et provoquer le départ d'un groupe de chasseurs. Indiscutablement, quand un chien s'est auto-imprégné de l'odeur de la bouse ou du fumier, il suscite un immense intérêt chez ses acolytes de la gent canine – sinon chez ceux de la gent humaine. Ils se pressent autour de lui, le flairent avec force, cherchant à lire ces nouveaux signaux odorants fort passionnants. Mais l'événement suscite-t-il vraiment, à l'état sauvage, une chasse immédiate? On ne le sait pas.

Le fait que, dans les expériences en laboratoire, les chiens se roulent dans une grande variété de produits à forte odeur, comme des pelures de citron, du parfum, du tabac et des ordures en état de putréfaction, a été présenté comme un point faible dans la théorie du camouflage et dans celle de l'incitation à la chasse. L'autre explication proposée consiste simplement à dire que les chiens sont plongés dans une sorte d'extase olfactive quand ils tombent sur un produit ayant une odeur très puissante, indépendamment de sa nature particulière. Comme on aurait du mal à prouver ou réfuter pareille affirmation, elle n'a qu'une valeur scientifique relative. Peut-être serait-il bon de rappeler que, dans la nature, où cette réaction s'est développée à l'origine, l'odeur forte qu'on a le plus de chances de rencontrer ne peut qu'être celle d'un tas d'excréments déposé par une proie. Les carcasses ne restent pas assez longtemps pour se décomposer et dégager une véritable puanteur. Dans une région vraiment sauvage, elle serait nettoyée dans ses moindres recoins bien avant que la décomposition ne commence. Quant aux autres choses, comme le parfum et le tabac, elles n'existaient pas au temps des ancêtres primitifs du chien. Aussi, la réaction du chien contemporain, lorsqu'il s'y trouve confronté, n'a-t-elle sans doute que peu de sens, si tant est qu'elle en ait, en termes de survie.

Pourquoi les chiens traînent-ils quelquefois l'arrière-train sur le sol?

Il a été avancé, par certains, que ce geste, qui fait normalement partie du comportement du marquage à l'odeur, sert à laisser sur le sol un dépôt sécrété par les glandes anales. Nombre d'autres espèces de carnivores sont pourvues de glandes odorantes dans la région anale, et certaines frottent régulièrement ces glandes contre les repères postés sur leur domaine. Le panda géant est un exemple classique; mâle et femelle inspectent fréquemment leur territoire, s'arrêtant ici et là pour se frotter l'arrière-train contre un rocher ou contre une souche d'arbre.

Chez un chien domestique, toutefois, faire glisser par terre son derrière ne paraît pas relever d'un comportement normal et sain. A l'examen, on constate en général que les chiens qui agissent ainsi ont des glandes anales enfoncées, qui les irritent ou les font souffrir. Le mouvement au sol serait causé, au départ, semble-t-il, non par le marquage à l'odeur mais par la recherche d'un soulagement à une situation d'inconfort.

Les glandes anales sont deux organes de la grosseur d'un pois, situées de chaque côté du rectum du chien, à environ un demi-centimètre à l'intérieur de l'orifice. Chaque fois que le chien défèque, ces glandes sont automatiquement pressées, ajoutant aux matières fécales une substance fortement odorante. Cette odeur particulière ne paraît pas varier à l'époque des changements hormonaux saisonniers. Le message odorant lié aux matières fécales n'a donc rien à voir avec les signaux sexuels. Il semble, en revanche, être totalement concerné par l'identité individuelle – un système d'étiquetage ou de « carte de visite ». Dans la société humaine, nous identifions les gens à l'aide de photographies de leur visage, ou de leurs empreintes, si ce sont des criminels, ou de leur signature, s'ils nous écrivent. Chez les chiens, l'identité, c'est cette odeur spéciale.

Lorsque deux chiens de haut rang se rencontrent, ils font un tête-à-queue pour se flairer réciproquement la région anale. La position de la queue toute droite, légèrement frémissante, a pour effet de presser étroitement les glandes anales, qui sécrètent une petite quantité de leur contenu fortement odorant. Les deux chiens sont fascinés par ces odeurs, qu'ils déchiffrent avec le nez de la même façon que nous déchiffrons avec nos yeux le visage de nos amis, lorsque nous les saluons. Quelle est la nature exacte des renseignements transmis par cette odeur, indique-t-elle l'humeur, la santé, et le reste? Nous ne savons pas encore la réponse à ces questions, mais l'odeur dégagée par les glandes anales a, de toute évidence, une grande importance dans la vie sociale des chiens. C'est pourquoi, si ces glandes se bloquent, c'est une catastrophe pour leurs propriétaires sur le plan social. Et c'est pourquoi le chien qui souffre de ce mal fait tous ses efforts pour frotter par terre ses organes défaillants, afin de les débloquer.

Comment la chienne traite-t-elle ses chiots nouveau-nés?

Chez la chienne, la gestation dure neuf semaines. La veille de la mise bas, elle s'agite et refuse la nourriture. Elle se montre plus agressive envers les étrangers, mais plus affectueuse envers sa « famille » humaine. Si une boîte de portée a été prévue pour elle, elle s'y réfugie juste avant la venue de la portée et elle s'y couche, sur le côté, le dos au mur et la face tournée vers l'entrée. Une respiration accélérée alterne avec un rythme plus lent quand la naissance devient imminente. Quand elle expulse le chiot, un frémissement peut parcourir son corps et ses pattes postérieures peuvent se contracter légèrement. Les chiots naissent à une demi-heure d'intervalle environ. Pour chacun, elle retire la poche des eaux, lèche le corps du chiot jusqu'à ce qu'il commence à respirer, sectionne le cordon ombilical à une distance de cinq à huit centimètres du ventre du petit, mange le placenta, puis pousse le nouveau-né vers son propre corps. Après tous ces efforts, elle se repose, enroulée autour du chiot, en attendant l'arrivée du suivant. Une portée normale de cinq prend plusieurs heures à expulser.

La naissance des petits et le comportement de la mère sont, sous tous ces rapports, les mêmes que dans le cas du chat. Il existe cependant une différence intéressante, qui concerne la préparation de la litière où la mère va mettre bas. La chienne accomplit le geste de creuser frénétiquement le sol de la boîte de portée. Ce type d'action n'intervient pas chez la chatte parturiente. Cette particularité est le signe d'une différence clé dans le comportement des homologues sauvages des chiens et des chats domestiques. Si les chats creusent le sol quand ils enterrent leurs matières fécales, ils ne se servent pas de gestes qui fouillent ou creusent lorsqu'ils préparent leur repaire pour mettre bas. La femelle du chat sauvage cherche inlassablement jusqu'à ce qu'elle ait trouvé un antre naturel qui lui convienne (ce qui explique pourquoi les chats domestiques passent tant de temps à explorer les placards sombres à travers la maison). Le loup, pour sa part, creuse dans la terre son propre gîte. Un gîte impressionnant, du reste. Située en général à flanc de coteau près d'un point d'eau, un lieu bien drainé mais commode avec sa réserve d'eau, l'entrée de la tanière se trouve souvent sous un rocher ou un tronc d'arbre, qui sert de protection contre les effondrements. L'ouverture fait une soixantaine de centimètres de large et donne sur un énorme tunnel pouvant atteindre plus de quatre mètres de long, au fond duquel s'ouvre une cavité élargie. C'est là que les jeunes naissent et qu'ils séjournent durant leurs trois premières semaines. Certaines tanières possèdent plusieurs entrées. Pour les construire, les loups creusent avec beaucoup d'énergie et retirent la terre en la transportant. Par ailleurs, la louve ne se contente pas d'une seule tanière. Si elle est dérangée, elle en construit une autre à proximité, où elle pourra transporter les jeunes en cas d'urgence.

Certes, il y a loin de cet épisode à la brave chienne domestique essayant désespérément de creuser un trou dans le plancher de sa boîte de portée! Mais il est important de se souvenir du rôle de la maison humaine dans l'esprit du chien. La maison typique a plusieurs portes qui conduisent par des couloirs dans des pièces. Du point de vue du chien, cela signifie que la demeure prise dans son ensemble est une immense tanière, avec diverses entrées qui mènent, par des tunnels, à des cavités élargies. En d'autres termes, les humains ont déjà procédé au forage pour la chienne en gestation. Il ne manque qu'une chose : le sol doucement recourbé de la cavité où elle mettra bas. C'est cela que la chienne essaie de corriger avec le dernier vestige qu'elle manifeste encore pour construire cette tanière, en grattant à tout va le sol de la boîte.

Une autre particularité de la mise bas chez la chienne domestique est intéressante : elle met en pièces sa couche juste avant le moment de la naissance. D'après de nombreux témoignages d'éleveurs, leurs chiennes lacèrent les chiffons et déchirent les journaux, dont on a tapissé le fond de la boîte de portée. Les louves, on le sait, ne préparent pas une litière spéciale à l'intérieur de leur tanière. Il semble, à première vue, qu'il y ait, en l'occurrence une différence réelle, l'animal domestique ajoutant un élément nouveau à son schéma de comportement qui est totalement absent chez son ancêtre sauvage.

Lorsque tous les chiots sont nés, nettoyés et qu'ils se sont blottis contre son corps étendu, la chienne se repose tandis que la portée se met à téter, buvant avec avidité le premier lait, ou *colostrum,* qui a pour eux une importance vitale, car il les immunise contre les maladies. Une autre différence entre chiens et chats apparaît bientôt : les chiots ne paraissent pas manifester le même sens de la « propriété de la mamelle » que les chatons. Chez ces derniers, chaque individu s'attache à son propre poste alimentaire, alors que le système des chiots consiste à « se nourrir n'importe où ». Cette différence tient sans doute au fait que les chatons possèdent des griffes acérées, et pas les chiots. Des disputes entre chats seraient plus douloureuses pour la mère, et l'attribution à chacun d'une mamelle particulière évite ces complications. Pour la chienne, avec sa progéniture aux ongles arrondis, quelques querelles de temps à autre pour une position donnée ne tirent guère à conséquence.

A quelle vitesse les chiots grandissent-ils?

Aveugles et sourds à la naissance, les chiots varient considérablement en taille et en poids, selon la race de la mère. Un louveteau nouveau-né pèse environ 500 grammes.

La portée moyenne se compose de cinq petits. Pour les amateurs de chiffres, précisons qu'une étude faite sur 506 portées a donné une moyenne exacte de 4,92. Dans des cas tout à fait rarissimes, on a enregistré des portées de plus de vingt chiots.

Au cours de ses premiers jours, le chiot passe 90 pour cent de son temps à dormir, et les 10 pour cent restants à la mamelle. C'est la « période néonatale » somnolente.

Au bout de treize jours, les yeux s'ouvrent, mais, comme pour beaucoup de ces chiffres, il y a des variations importantes suivant les races. Par exemple, neuf chiots fox-terriers sur dix ont déjà ouvert les yeux à ce stade, alors que seulement un beagle sur dix en a fait autant. A vingt et un jours, les chiots de toutes races voient clair. Les oreilles entrent en activité à vingt jours, âge à partir duquel on remarque la première « réaction de tressaillement ».

A trois semaines, on voit apparaître les premiers signes du battement de queue et de l'aboiement, et les chiots s'éloignent spécialement du nid pour uriner et déféquer.

Lorsqu'ils atteignent quatre semaines, les petits, s'ils grandissent normalement, doivent peser à peu près sept fois leur poids de naissance. Ils abordent alors la « période de socialisation », durant laquelle ils se consacrent principalement à jouer et à apprendre comment devenir un membre d'une espèce hautement socialisée.

A cinq semaines, les muscles faciaux sont complètement développés, et donnent à ce nouvel être social un précieux répertoire de signaux visuels. A six semaines, on observe déjà une organisation immature de la meute, les malheureux avortons étant victimes des attaques concertées de leurs frères et sœurs plus robustes. A sept semaines, le lait de la chienne commence à se tarir. C'est le meilleur moment pour vendre ou donner le chiot, si l'on veut qu'il ait toutes les chances de bien s'adapter à la vie dans son nouveau foyer. Là aussi, toutefois, il y a des différences entre les races, qui peuvent, dans certains cas, s'étendre jusqu'à dix semaines.

Vers douze semaines, la phase de socialisation touche à sa fin. Suit la « période juvénile ». Le chiot est alors entièrement socialisé. A l'état sauvage, il commencerait vraiment à explorer l'environnement et à participer aux activités de chasse. A seize semaines, les dents définitives apparaissent; elles sortent toutes en vingt-quatre semaines.

A six mois, les mâles lèvent la patte pour uriner et atteignent la maturité sexuelle. C'est entre six et neuf mois que mâles et femelles parviennent à la maturité sexuelle complète, de légères différences existant entre les races. Certains individus mûrissent plus lentement, et ne deviennent réellement adultes qu'entre dix et douze mois.

Comment sevrer les chiots?

Durant les trois premières semaines, les chiots trouvent leur nourriture dans le lait de leur mère. Elle se couche pour les nourrir et ils stimulent la lactation en pétrissant son ventre à l'aide de leurs pattes antérieures et en tétant ses mamelles. Elle passe avec eux la plupart de son temps. Puis, quand ils ont entre trois et quatre semaines, elle les laisse seuls pendant des périodes plus longues et, quand elle rentre, elle se montre de plus en plus réticente à adopter la position allongée pour l'allaitement. Devenus plus agiles, les chiots essaient de s'emparer de ses mamelles et, quand ils y parviennent, elle les laisse téter, tout en restant debout. A mesure que les jours passent, elle se montre de plus en plus impatiente à leur égard et souvent se met à marcher alors qu'ils restent accrochés à ses mamelles à téter. Lorsqu'ils ont cinq semaines, elle peut se mettre à grogner après eux lorsqu'ils font mine de s'approcher pour se nourrir et même donner un coup de dent dans leur direction. Malgré cela, elle fait attention de ne pas les toucher. Ce mouvement de mâchoires est surtout destiné à dissuader les jeunes, mais il a un effet surprenant sur le petit groupe, qui n'en revient pas qu'on puisse lui refuser sa ration de lait. Au cours des deux semaines suivantes, les chiots arriveront peut-être à l'amadouer et elle se laissera faire encore un certain nombre de fois, mais elle aura de moins en moins de lait. Au bout de sept semaines, la lactation se tarit tout à fait. A ce stade-là, les chiots sont complètement sevrés. Il existe, certes, quelques variations, certaines chiennes pouvant avoir du lait pendant dix semaines.

Durant cette diminution progressive de la lactation, les éleveurs distribuent aux chiots des bols de lait à laper et des aliments spéciaux. Ce système est fort commode pour la chienne, qui accepte volontiers leur coup de main. Mais comment se débrouillent les chiens harets, qui vivent en liberté, qui n'ont pas de maître humain pour les aider à sevrer leurs petits? Dans des conditions plus naturelles, les chiens ont une méthode très spéciale de sevrage positif, qui équilibre le sevrage négatif que représente la suppression du lait. Ils donnent à leurs chiots, par un processus de régurgitation, des aliments prédigérés. A l'état sauvage, lorsque la mère commence à délaisser la portée, âgée de trois ou quatre semaines, pendant des périodes prolongées, elle passe son temps hors de la tanière à chasser. Après avoir tué sa proie, elle en mange la chair puis retourne auprès de la portée. A son retour, sa gueule sent la nourriture, ce qui amène les jeunes à flairer sa tête. Ils se mettent alors à lui lécher la bouche, à fouiller dedans, à lui pincer les mâchoires et même à lui donner des coups de patte sur la tête. En fait, ils se conduisent plutôt comme des petits oiseaux au nid, et obtiennent le même résultat. Leurs gestes entraînent une réaction automatique chez la femelle. Aussi affamée soit-elle, elle réagit malgré elle au comportement « quémandeur » de ses chiots et régurgite la viande à demi digérée.

Cet acte de régurgitation maternelle procure à ses petits une alimentation idéale pour eux, compte tenu du fait que leurs premières dents commencent juste à percer et qu'ils ne peuvent pas encore mâcher correctement. Au cours des semaines suivantes, tandis que son lait se tarit, elle apporte à ses petits qui grandissent de plus en plus de nourriture solide, jusqu'à ce que celle-ci représente leur seule source d'alimentation. Agés de douze semaines, ils se mettront à chasser à leur tour, mais ils pourront encore compter sur une petite aide maternelle.

Les chiennes domestiquées, qui élèvent leur portée sous surveillance humaine, ne manifestent que rarement ce comportement de régurgitation. Durant le processus du sevrage, les chiots sont tellement bien nourris par leurs maîtres qu'ils ne réussissent pas à déclencher ce vomissement. Pourtant, l'ancienne réaction se produit quelquefois. Certains propriétaires s'en inquiètent naïvement, appellent, affolés, leur vétérinaire, pour lui raconter que leur chienne qui allaite s'est mise à vomir : elle est sûrement malade. Aussitôt, ils font l'erreur de nettoyer la nourriture régurgitée, pour empêcher les chiots d'y toucher, au cas où elle serait contaminée. C'est ainsi que la portée se trouve privée de son menu de sevrage le plus naturel.

L'observation de loups élevant leurs petits à l'état sauvage laisse voir que le vomissement joue un rôle encore plus grand dans la vie sociale de l'ancêtre primitif du chien. Quand la louve va sous terre pour mettre bas, elle reçoit une nourriture régurgitée par le reste de la meute. Confinée à la tanière durant les premiers jours essentiels de vie de la portée, son alimentation est assurée de cette façon à plusieurs reprises. Puis, quand les louveteaux sont sevrés, elle part elle-même chasser pour rapporter à ses petits des aliments spécialement prédigérés. Elle n'est pas seule à assumer cette tâche. D'autres membres de la meute – y compris des mâles – en font autant. En fait, les loups mâles se montrent étonnamment attentifs envers les louveteaux; ils parcourent une vingtaine de kilomètres pour trouver du gibier, puis se dépêchent de rentrer au bercail pour offrir à manger aux jeunes avant que le processus de digestion ne soit trop avancé.

Deux subtilités rendent ce comportement des loups particulièrement intéressant. Souvent, les adultes n'hésitent pas à ingurgiter de la viande avariée ou pourrie. Mais jamais ils ne serviront ce genre d'aliments à leurs louveteaux. La portée, dont l'estomac est plus fragile, ne reçoit qu'une viande fraîchement tuée. En outre, la quantité de viande est soigneusement répartie; les adultes vomissent des petits tas de nourriture, bien séparés, s'assurant ainsi que chaque petit va pouvoir déguster son repas sans être dérangé.

Plus tard, lorsque les louveteaux sont équipés d'une bonne série de dents acérées, les adultes passent à une autre étape : au lieu d'avaler la viande et de la prédigérer, ils la rapportent à la tanière en gros morceaux dans leur gueule. Ce genre de transport de denrées exige énormément de résistance. Par exemple, une louve a pu rapporter à ses petits la moitié d'une cuisse d'élan, après avoir parcouru à peu près deux kilomètres avec la viande dans sa gueule.

Si les chiens domestiques ont l'air de parents indignes comparés à leurs lointains ancêtres, il ne faut pas oublier que, pour les chiens, leurs maîtres sont simplement d'autres « membres de la meute ». Aussi, lorsque ces compagnons secourables s'occupent de donner à manger à leurs petits, c'est un acte de coopération on ne peut plus naturel. Les membres de la meute de loups n'en feraient pas moins pour la portée de l'une ou de l'autre. La pression qui pèse sur la chienne domestique se trouve ainsi atténuée et elle accepte sans hésitation l'aide des humains.

Un dernier aspect du sevrage mérite qu'on s'y arrête. Si l'idée des aliments régurgités nous paraît un peu dégoûtante, il ne faudrait pas oublier que, avant l'invention des petits pots pour bébé, les mères humaines sevraient leur progéniture selon un processus très similaire. Dans les sociétés tribales primitives, les mères mâchaient la nourriture pour la réduire en bouillie, puis elles la faisaient passer de leur bouche dans celle du bébé. C'est d'ailleurs ce geste du sevrage qui a donné naissance à l'acte humain qui consiste à échanger un baiser amoureux. Aussi, lorsqu'un chien lèche le visage de son maître, dire qu'il « l'embrasse » est plus proche de la vérité qu'on ne se l'imagine généralement.

Pourquoi les chiots maltraitent-ils nos pantoufles?

Nombre de maîtres découvrent, à leur grande déconvenue, que les chiots, en grandissant, traversent une phase où ils se montrent particulièrement destructeurs. Leurs victimes de prédilection sont les pantoufles et les gants, mais les jouets d'enfants, les journaux, revues et même le courrier passé le matin sous la porte peuvent être pris à partie. Hormis ronger et mordiller ces objets, les chiots peuvent les secouer avec force, comme s'ils essayaient de les tuer. Les papiers peuvent être mis en morceaux, comme s'il s'agissait d'oiseaux morts qu'il fallait débarrasser de leurs plumes gênantes. Certains maîtres, exaspérés, ont même pu constater que, lorsque le courrier subit des assauts, ce sont toujours les lettres intéressantes qui sont malmenées, alors que les factures sont laissées intactes. (Ce dernier point n'est nullement une plaisanterie. Les factures viennent souvent en Angleterre dans des enveloppes brunes, qui attirent moins le regard d'un chien que les blanches...)

Plusieurs traits mentionnés ci-dessus sont significatifs du comportement des chiots. Premièrement, il y a le jeu simple. En grandissant, les jeunes sont programmés pour explorer tout ce qui se trouve dans leur environnement. Les chiens sont, à l'état sauvage, des opportunistes, et, s'ils veulent survivre, ils doivent acquérir une bonne connaissance des propriétés de chaque objet faisant partie de leur univers. L'animal domestique a beau avoir une existence moins hasardeuse, il n'a pas perdu grand-chose du comportement ancestral.

Deuxièmement, il y a le problème de la poussée des dents. La denture adulte apparaît à l'âge de quatre ou six mois. A ce moment-là, le besoin de mordiller des objets résistants, pour aider les nouvelles dents à percer, se fait de plus en plus pressant. Les aliments pour chien que l'on trouve dans le commerce, trop mous, ne sont d'aucun secours dans ce domaine. Aussi, à moins de recevoir une bonne nourriture solide qu'il puisse mâcher, le chien cherchera d'autres objets, moins recommandés, pour se soulager.

En troisième lieu, il y a la période « préalable à la chasse » dans la vie d'un chiot qui se développe, devient assez grand pour s'intéresser à des proies, mais n'est pas encore assez habile pour les attraper. A la même époque, quand une bonne nourriture pour la croissance est si importante, les adultes – en milieu sauvage – rapportent au gîte des gros quartiers de viande pour les jeunes. Aussi, le stade du « jeune chien » se caractérise comme une période où les grands chiens (= les humains) laissent traîner des choses par terre pour que les petits chiens les mangent. Il est donc naturel, et nullement malintentionné, de la part du jeune de considérer qu'une pantoufle posée sur le tapis ou un paquet déposé devant la porte sont des cadeaux de la part des aînés du groupe. Pour un chiot plein de vie qui fait de son mieux pour se mettre à la portée d'un « clan » humain, se faire tancer pour avoir mordillé ces objets doit être déconcertant, et décevant.

Comment les chiens font-ils leur cour?

Une forme particulière d'inégalité sexuelle sévit chez les chiens. Chez les humains, le mâle et la femelle ont une activité sexuelle tout au long de l'année. Chez beaucoup d'autres animaux, mâles et femelles se trouvent au même moment dans les conditions nécessaires à l'accouplement durant une brève période d'activité sexuelle intense. Mais, chez les chiens, le mâle est prêt à copuler l'année entière, alors que la femelle ne connaît que deux périodes de chaleur bien déterminées. Autrement dit, les malheureux mâles passent la plus grande partie de l'année en état de frustration sexuelle.

Et ce n'est pas tout. Lorsque le moment tant attendu des chaleurs de la femelle arrive enfin, la chienne passe la première phase à faire la noce. En fait, il n'y aura que quelques jours au début du printemps, puis ensuite en automne, où elle acceptera les avances du mâle. Aussi, pour l'heureux chien mâle domestique, qui n'a pas été castré par ses maîtres, qui n'a pas été rappelé au pied de force dès qu'apparaît une chienne à l'horizon, qui n'a pas été enfermé dès qu'une chienne du quartier est en chaleur, qui n'a pas été attaqué ou mis en déroute par des rivaux, qui n'a pas été éconduit par une chienne faisant la difficile... eh bien, pour cet heureux élu, il n'y aura, dans l'année, que cinquante semaines de frustration sexuelle sur cinquante-deux. Pour les autres, ce sera cinquante-deux sur cinquante-deux.

Les femelles souffrent aussi. Si elles n'ont pas été châtrées, elles risquent de passer leurs chaleurs éphémères enfermées à la maison, droguées de substances chimiques antisexuelles, ou contraintes de porter une « mascotte », l'équivalent, pour les chiennes, de l'antique ceinture de chasteté. Les plus favorisées, conduites auprès d'un étalon pour être couvertes, verront le plus souvent leurs amours réduites à une « passe rapide » dans un quartier chaud.

Les maîtres, bien entendu, n'ont rien à se reprocher. Si la sexualité canine pouvait se donner libre cours, le monde serait envahi de chiots. Même dans les conditions actuelles, les innombrables centres pour chiens sont obligés de supprimer chaque année des milliers d'animaux en trop. Mais il s'ensuit que les détails, lorsqu'un chien fait sa cour, ne sont pas aussi connus qu'on pourrait le croire. Dans les rares occasions où mâles et femelles se sont vu accorder toute liberté pour exprimer leur sexualité, voyons ce qui se produit.

Dans la première période des chaleurs, appelée proœstrus (qui veut dire littéralement « pré-frénésie »), la femelle commence à s'agiter, à aller et venir. Elle boit beaucoup plus qu'à l'ordinaire et urine énormément en marchant. L'odeur de cette urine a un effet visible sur les mâles. Ils la flairent avec avidité, puis lèvent la tête et regardent au loin, en silence, l'air songeur, comme des taste-vin professionnels goûtant un cru rarissime. Vivement émoustillés par ce signal chimique, ils se mettent en quête de la femelle, réagissant particulièrement à l'odeur de ses sécrétions vaginales, qu'ils peuvent déceler de très loin. Ces sécrétions sont provoquées par des pertes provenant de ses organes génitaux de plus en plus tuméfiés. Vers la fin de la période du pro-œstrus, ces pertes deviennent sanguinolentes, de sorte que certains parlent, pour des raisons évidentes, des « règles » de leur chienne. Il s'agit là, toutefois, d'une appellation incorrecte. Les règles de la femme sont provoquées par le décollement du corps jaune de l'utérus à la suite d'une ovulation non fécondée. Dans le cas de la chienne, par contre, les saignements ont lieu avant l'ovulation et sont dus à des modifications dans les parois du vagin en vue de la copulation.

Pendant la période du pro-œstrus, qui dure environ neuf jours, la femelle est si attirante pour les mâles en raison de son odeur qu'elle peut être pourchassée sans relâche par des prétendants pleins d'espoir. Comme elle n'ovule pas encore, elle repousse les avances. Là, elle se montre vraiment... vache. Elle peut attaquer le mâle amoureux, le chasser, gronder contre lui, le mordre et le menacer d'une manière générale. Si elle est d'un naturel moins agressif, elle s'enfuit ou se retourne au moment où il essaie de la monter. Elle se sert aussi d'un autre stratagème : s'asseoir au moment où il montre un intérêt passionné pour son postérieur.

On pourrait croire que cette période, où elle se contente d'aguicher le mâle, est purement gratuite. Si c'est pour le repousser, pourquoi lancer ces signaux odorants irrésistibles? Parce qu'il est important pour elle de s'assurer que tous les mâles potentiels sont parfaitement au courant de son état, afin que, le moment venu, elle ne se retrouve pas sans partenaire. L'ovulation se produit spontanément le deuxième jour de la période de l'œstrus proprement dit. Un jour ou deux plus tard, la chienne est prête à être fécondée. Si les mâles ne sont pas au rendez-vous, il faudra qu'elle attende encore six mois avant de pouvoir recommencer.

La période de l'œstrus dure également neuf jours environ. Les pertes de la femelle, en devenant plus claires et plus transparentes, indiquent que le vagin est prêt pour l'accouplement. La parade proprement dite peut commencer. Le comportement antérieur de la chienne change : elle accourt vers le mâle, puis repart. Au cas, tout à fait improbable, où il ferait semblant de ne pas comprendre, elle se pavane autour de lui, le frappe avec ses pattes, peut même le monter. Mais d'ordinaire, il se met à sa poursuite, et le couple folâtre finit par se rejoindre. Ils s'inspectent alors réciproquement. D'abord, ils se flairent le nez avec insistance, se lèchent éventuellement l'oreille. Puis ils se reniflent l'arrière-train, le mâle jouant le rôle principal en vérifiant une dernière fois l'état de sa compagne et le charme de son odeur. Ensuite, il vient en général à côté de la chienne et pose son menton sur son dos. Si elle reste tranquille et ne s'en va pas, il fait demi-tour et la monte. Alors commence la copulation.

Dans ce processus, la femelle est loin de rester passive. Si elle est au plus fort de ses chaleurs, et si le mâle lui plaît (elle peut encore faire la difficile, même à ce stade-là), elle fera tout pour l'aider à atteindre son but. Après avoir « posé » pour lui – en restant tranquille tandis qu'il la reniflait et l'examinait – elle lui donne un signal spécifique pour l'inviter à la monter. Il consiste à balancer sa queue de côté pour exhiber ses organes sexuels. Si le mâle réagit comme il convient, il peut avoir du mal à mettre dans le mille. Il commence par quelques poussées pelviennes dans le vide et, comme elle sent son erreur, elle rectifie minutieusement la position de son arrière-train : un peu plus haut, un peu plus bas, un peu plus à gauche... jusqu'à ce qu'elle ait, avec adresse, corrigé le tir. Si, au cours de la copulation, le mâle saisit sa nuque entre ses mâchoires (ce qui n'est pas une caractéristique permanente, mais peut arriver), elle n'objecte pas.

A tous points de vue ou presque, le comportement de cette cour, s'il peut se dérouler dans des conditions normales, est le même que chez l'ancêtre sauvage du chien : le loup. La domestication a eu peu d'incidences sur l'activité sexuelle de ses descendants. L'importance de la cour, cependant, a été cruellement réduite, par rapport à l'acte même de la copulation, en particulier dans le monde des étalons de race et des grandes vedettes. Dans une meute de loups, par exemple, on a remarqué que 1 296 cours avaient abouti à trente et une copulations accomplies. Dans l'accouplement des bêtes à pedigree, quelques refus peuvent survenir, mais la plupart des rencontres sont si bien organisées et les chiens concernés ont tellement d'expérience, que presque toutes les rencontres connaissent une fin heureuse.

Si la cour d'un loup a peu de chances de se concrétiser (2,4 pour cent), c'est que l'attirance pour un partenaire donné est beaucoup plus marquée à l'état sauvage. Bien que mâles et femelles ne forment pas des couples monogames, ils ont des goûts et des dégoûts sexuels intenses, de sorte que des prétendants malheureux peuvent se livrer à une manifestation de cour sans espoir, finalement vouée à l'échec. Semblables préférences verraient-elles le jour si un groupe de chiens domestiques se retrouvait en pleine nature et formait une meute? Difficile à dire, même si cela paraît probable, en raison du peu de changements comportementaux engendrés par la domestication.

Les seuls changements importants survenus, semble-t-il, au cours de la domestication sont liés au rythme des saisons. Les jeunes louves ont leurs premières chaleurs à vingt-deux mois en moyenne, soit un an plus tard que la chienne domestique type. Elles doivent se contenter d'une seule saison par an, en général en mars, alors que la chienne domestique en connaît une seconde en automne. De plus, ces doubles saisons annuelles suivent un calendrier beaucoup moins régulier.

Pourquoi le chien et la chienne sont-ils « verrouillés » l'un à l'autre pendant l'acte sexuel?

Le « verrouillage » est un des aspects les plus curieux de la sexualité canine. Quand le mâle a monté la femelle et accompli quelques poussées pelviennes, il se trouve dans l'incapacité de se retirer. Les deux partenaires semblent être verrouillés l'un à l'autre. Même s'ils se débattent, ils ne peuvent se séparer. N'en pouvant mais, l'air très vulnérable, ils restent ainsi « noués » l'un à l'autre pendant un certain temps. Lorsqu'ils peuvent finalement se séparer, ils lèchent leurs parties génitales et se détendent.

Les experts de la gent canine se sont interrogés, pendant des années, sur la fonction de cet élément surprenant du mécanisme de la reproduction chez les chiens. Les uns ont carrément reconnu ne pas en comprendre l'intérêt. D'autres ont fait les suppositions les plus folles, plutôt que de déclarer forfait. Avant de nous pencher sur les explications des uns et des autres, prenons le temps d'examiner avec précision ce qui se passe quand le mâle s'accouple avec la femelle.

Dès que celle-ci fait signe au mâle de la monter, il l'attrape avec ses pattes antérieures et essaie d'introduire son pénis. A ce stade, le pénis est en état de semi-érection. Après quelques poussées pelviennes vigoureuses, il effectue l'intromission. Tout en se tenant contre le corps de la femelle à l'aide de ses pattes de devant, il presse contre le dos de sa compagne sa poitrine et quelquefois son menton. Elle reste tranquille, tient sa queue sur le côté, pour faciliter la pénétration.

Le mâle accomplit alors un piétinement hautement caractéristique avec ses pattes de derrière, balançant de part et d'autre son postérieur. Ces oscillations pelviennes enfoncent le pénis plus profondément encore dans le vagin. Or, à la base de son membre copulateur se trouve un renflement qu'on appelle *bulbus glandis*. Dès que celui-ci a pénétré la femelle, il se met à gonfler et le pénis tout entier entre en érection. En même temps, le vagin de la femelle se contracte. C'est ce double changement, l'augmentation du membre mâle et la compression de l'organe femelle, qui provoque le « verrouillage », ou le « nouage ». Après la mise en place du nouage, quelques poussées pelviennes supplémentaires suffisent pour que le mâle éjacule.

A ce moment-là, il descend en général tranquillement, en posant ses pattes antérieures par terre, à côté du corps de la femelle. Comme leurs organes génitaux sont verrouillés l'un à l'autre, il se trouve dans une position tordue, assez bizarre. Il y remédie en posant sur le dos de sa partenaire une de ses pattes postérieures. Il se tourne dans l'autre sens par rapport à elle et le couple reste debout, lié l'un à l'autre, mais regardant chacun dans une direction opposée. Ils peuvent rester ainsi tranquillement pendant le temps que dure le verrouillage, ou commencer à se battre. La femelle peut vouloir s'en aller, et, dans ce cas, le mâle va résister, ce qui entraînera toutes sortes d'aboiements et de gémissements. Si quelque chose ou quelqu'un les dérange ou les inquiète, ils peuvent se tortiller et même tomber l'un sur l'autre en essayant de se séparer. Mais, toujours ou presque, le verrouillage tient bon.

Cependant, quel que soit le mal qu'ils s'infligent en se débattant, rien ne prouve que ces bagarres aient des conséquences durables sur leurs organes génitaux.

Les rapports des experts varient sur la durée du verrouillage. Cinq minutes est un des records de rapidité, mais le chiffre est en général beaucoup plus élevé : 15, 20, 25, 30, 35, 45, 75, voire 120 minutes, ont été enregistrées selon les cas. La durée la plus fréquente paraît se situer entre vingt et trente minutes, les chiffres les plus élevés ne survenant que très rarement. Le verrouillage s'achève quand, le pénis ayant perdu de son érection, le mâle peut enfin se retirer.

Tel est le schéma de comportement, et voici quelques-unes des explications proposées jusqu'ici. Tout d'abord, nous trouvons la théorie selon laquelle le verrouillage renforce le lien émotionnel entre le mâle et la femelle. En effet, en se prolongeant, l'acte sexuel devient plus personnel et il contribue à la formation du couple. Il est vrai que le mâle et la femelle, s'ils en ont l'occasion, se montreront plus attachés après l'accouplement et le verrouillage. Mais il paraît on ne peut plus improbable que l'expérience plutôt douloureuse, qui les a rivés l'un à l'autre malgré eux, pendant une durée interminable, puisse en tant que telle leur inspirer de l'affection l'un pour l'autre. Possible, mais improbable tout de même.

Deuxièmement, on a suggéré que le verrouillage rendait l'accouplement plus confortable pour le mâle. Ce genre de commentaire ne peut certainement venir que de quelqu'un habitué aux « mariages arrangés » entre des étalons expérimentés et des chiennes de race, dans des circonstances où le couple est isolé des autres chiens et apaisé par les maîtres. En l'occurrence, le mâle et la femelle n'ont qu'à attendre tranquillement que le verrouillage se termine, en donnant l'impression de se reposer. Mais dans une situation plus naturelle, chez les chiens harets, les chiens de rue, ou chez les loups, le verrouillage est loin d'être quelque chose de paisible et il donne plutôt l'impression d'une situation profondément inconfortable, au moins pendant une partie du temps que cela dure.

En troisième lieu, certains ont bizarrement envisagé que ce fameux verrouillage serait un système de défense qui donnerait au couple pendant la saillie « des dents aux deux bouts », empêchant ainsi l'intervention de tout rival. Il suffit d'observer ce qui se passe dans une meute de loups pour comprendre combien le mâle est vulnérable quand il est verrouillé. Si un animal dominant s'approche, les mouvements entre les deux membres du couple ne sont pas vraiment coordonnés.

Une quatrième hypothèse a été avancée par certains : ce verrouillage éviterait les fuites de sperme chez la femelle. Mais pourquoi la femelle serait-elle si mal conçue pour recevoir le sperme du mâle, l'histoire ne le dit pas.

Une explication beaucoup plus satisfaisante est apparue récemment à partir des expériences d'insémination artificielle. Nous savons à présent ce qui se passe à l'intérieur du système reproducteur du couple. Au lieu d'une seule et simple éjaculation du type de celle que nous connaissons chez les humains, le chien traverse trois phases distinctes. La première prend environ trente à cinquante secondes. Cette éjaculation initiale se compose d'un liquide clair, dépourvu de sperme. Au cours de la deuxième phase, évaluée entre cinquante et quatre-vingt-dix secondes, le liquide éjaculé est épais, blanc, et comprend 1 250 millions de spermatozoïdes. La troisième et dernière phase consiste en l'émission d'une quantité de liquide beaucoup plus importante, de nouveau un liquide clair et dépourvu de sperme. Or, ce liquide prostatique est sécrété aussi longtemps que dure le verrouillage. De toute évidence, la fonction de celui-ci est de donner au mâle le temps de sécréter ce liquide, qui s'engloutit dans l'appareil reproducteur de la femelle et active le sperme qui vient d'y être déposé.

Nous connaissons donc enfin le secret du « verrouillage ». Il ne suit pas l'éjaculation, mais l'accompagne. Comme l'éjaculation est si brève chez les humains, nous en avons conclu, à tort, que le chien se conduisait de la même manière. L'idée qu'un chien puisse éjaculer pendant une demi-heure nous paraît curieuse. Sans doute avons-nous du mal à comprendre pourquoi le processus de l'insémination chez les chiens est aussi long et malcommode. Mais, à partir du moment où il l'est, le verrouillage a sa raison d'être, puisqu'il est un moyen à toute épreuve pour le chien de s'assurer qu'il aura le temps d'évacuer son sperme, et que celui-ci atteindra à coup sûr son but.

Pourquoi votre chien cherche-t-il à s'accoupler avec votre jambe?

Beaucoup de gens ont connu ce moment embarrassant : le chien de la maison prend subitement votre jambe entre ses pattes antérieures et se met à donner quelques vigoureuses poussées pelviennes. Pourquoi ces chiens se lancent-ils dans une activité aussi stérile?

Le chien connaît une phase de socialisation particulière au cours de son enfance, phase durant laquelle sa personnalité se développe. Cette période critique va de quatre à douze semaines, et toute espèce qui partage cette époque avec lui par une promiscuité étroite et affectueuse finit par faire partie de *son* espèce. Pour les chiens familiers, deux espèces sont toujours présentes à ce stade capital de leur développement : les chiens et les humains. Par conséquent, ils deviennent des « hybrides mentaux », solidement attachés aux deux espèces. Ils seront à l'aise, pour le reste de leur vie, dans la société canine et dans la société humaine. Les membres de leur famille humaine leur conviennent assez bien comme « clan » d'adoption. Les humains partagent avec eux leur nourriture, leur tanière, vont inspecter avec eux leur territoire, jouent avec eux, se laissent aller à quelques soins satisfaisants sur le plan social, exécutent comme il convient les cérémonies de salutations, et, généralement parlant, tiennent avec empressement leur rôle de compagnons à deux pattes. Somme toute, la société canine et la société humaine s'entendent bien. Mais, dès qu'on touche à la sexualité, plus rien ne va : c'est la rupture.

Heureusement, de puissantes réactions innées sont liées à l'attraction sexuelle chez les chiens, qui permettent de les maintenir, la plupart du temps, dans la bonne direction. Comme les humains n'exhalent pas les effluves érotiques très particuliers des chiennes en chaleur, ils ne déclenchent pas, en principe, les réactions sexuelles du mâle qui partage son logis. En ce qui concerne les chiens, les humains sont simplement des « membres de leur clan qui n'ont jamais de chaleurs ».

Tout serait pour le mieux, mais, malheureusement pour les mâles, les rencontres avec des chiennes en chaleur sont excessivement rares dans leur vie domestiquée. Alors, le niveau de frustration sexuelle s'accroît, au point que même le chat de la maison devient intéressant. Dès lors, le chien émoustillé va s'efforcer de monter n'importe quoi, pourvu que l'objet reste assez longtemps immobile – n'importe quoi, y compris le chat, d'autres chiens mâles, des coussins et des jambes humaines. Les humains ont des jambes séduisantes parce qu'elles sont faciles à saisir. Le choix de la jambe plutôt que d'une autre partie plus indiquée de l'anatomie humaine tient simplement à la forme bizarre, pas canine pour un sou, du corps humain. Les humains sont trop grands et trop gros, de sorte que la jambe est la seule partie facilement accessible à des avances sexuelles faites en désespoir de cause.

Un chien qui se commet à nous attraper la jambe mérite plus notre pitié que notre colère. N'est-ce pas nous, après tout, qui avons condamné les chiens à un célibat anormal? Il suffit de repousser poliment leurs propositions, sans la punition sévère qu'on préconise quelquefois.

L'allusion à l'intérêt subit du chien à l'égard du chat de la maison n'était pas une boutade. En effet, il arrive que des chiens frustrés sur le plan sexuel essaient de s'accoupler avec des chats, mais cela ne se produit que lorsque les animaux en question ont été élevés ensemble dès l'enfance. Des relations étroites avec de jeunes chats, au cours de la phase critique du développement du chiot, l'amèneront à ajouter, dans son esprit, les félins aux membres de « son » espèce. Un chiot qui, durant la phase de socialisation allant de quatre à douze semaines, a joué d'une part avec les autres chiots de la portée, d'autre part avec le chaton de la maison, et enfin avec ses maîtres humains, ce chiot connaîtra un triple attachement qui durera sa vie entière.

Il y a le revers de la médaille à ce processus d'attachement. L'*absence* de toute espèce, au cours de la période de socialisation dans le développement du chiot, la fera automatiquement considérer par la suite comme une chose à éviter. Cela s'applique surtout à la propre espèce du chiot. Un petit retiré à sa mère avant que ses yeux et ses oreilles soient ouverts, c'est-à-dire pendant la première semaine, et élevé au biberon dans l'isolement, va développer un attachement immodéré à l'égard des humains, mais restera peureux avec ses congénères. C'est donc une grande erreur de retirer trop tôt un chiot à sa famille. En cas de catastrophe, par exemple si la mère meurt et qu'un seul chiot de la portée survive, il faudrait essayer d'entourer le petit orphelin d'autres chiots ou de chiens adultes, tout en l'élevant au biberon, de manière qu'il s'habitue à la présence de ceux de sa propre espèce, pendant la période critique de la croissance.

En revanche, un chiot qu'on aura laissé dans la seule

compagnie de sa famille canine, complètement à l'écart des humains pendant ses douze premières semaines, ne se montrera jamais si docile et affectueux par la suite avec les humains. Des chiots, élevés dans un champ dépendant d'une ferme expérimentale, où ils n'ont eu aucun contact personnel avec les humains pendant les quatorze premières semaines, avaient un comportement proche de celui des animaux sauvages. Il n'est donc pas vrai qu'un chien domestique serait un animal « génétiquement apprivoisé ». Pas plus, l'idée que le loup serait plus « féroce » et indomptable que le chien. Un loup pris à un niveau assez précoce de son développement se révèle un compagnon remarquablement affectueux, au point que la plupart des gens, le voyant partir en promenade avec sa laisse et son collier, le prennent pour un bon gros toutou. En fait, un loup adulte apprivoisé, déclaré comme berger allemand, a traversé l'Atlantique, à bord du *Queen Elizabeth,* entre l'Angleterre et les États-Unis, sans susciter aucun commentaire. Il a eu droit à sa promenade quotidienne sur le pont, et à d'aimables caresses de la part des passagers et des membres de l'équipage, qui auraient été horrifiés s'ils avaient su vraiment à qui ils avaient affaire.

Pourquoi les chiens veulent-ils dormir sur le lit de leur maître?

Combien de maîtres ont dû endurer les supplications de leur chien familier désirant dormir sur leur lit? Les chiens nains parviennent parfois à remporter la bataille, mais si on cède son caprice à un dogue allemand, il risque de finir par être au cœur d'un violent débat dans une affaire de divorce. Pourquoi donc ont-ils tellement envie de passer la nuit aussi près de leurs maîtres?

Pourquoi? Mais parce que, par bien des aspects, ils n'ont jamais dépassé le stade du chiot. Étant donné que, même adultes, ils considèrent leurs maîtres humains comme des pseudo-parents, il est tout à fait naturel qu'ils veuillent se blottir contre le corps de leur « mère ». Dans le présent contexte, la « mère » n'est pas nécessairement la femme. Si le chien est plus étroitement attaché à l'homme de la maison, c'est ce dernier qui devient le substitut de la mère, au contact duquel il désirera dormir. Toujours est-il que cette exigence crée une tension considérable dans les relations conjugales, allant, dans certains cas, jusqu'à provoquer, littéralement et légalement, la rupture de certains couples mariés.

Même si, avec un dressage sévère, le chien de la maison se voit interdire le lit, il essaiera toujours de dormir le plus près possible de sa « meute ». A l'état sauvage, les jeunes loups, qui ont quitté le nid, préfèrent dormir assez rapprochés les uns des autres. Seul un proscrit vaincu, chassé de la meute, irait dormir à une certaine distance du groupe. Ainsi, un chien, enfermé à l'écart de ses maîtres humains, aura l'impression d'être un proscrit tenu à l'écart de sa meute d'adoption. Lorsqu'il y a plusieurs chiens de garde ou une meute de chiens de chasse, le problème n'existe pas, bien entendu, car les animaux sont en compagnie les uns des autres. Mais dans le cas d'un chien d'intérieur solitaire, qui vit avec une famille, comment lui faire comprendre pourquoi on se dérobe au moment du coucher et qu'il doit rester à l'écart de ses compagnons humains? Dans la plupart des cas, les familles finissent par mettre au point un compromis, qui permet au chien de rester aussi près que possible de la chambre, tout en évitant cependant que sa présence ne devienne trop envahissante.

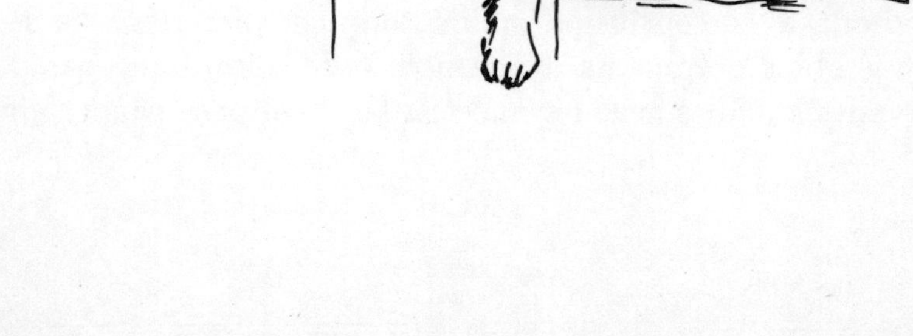

Pourquoi a-t-on du mal à se faire obéir de certains chiens?

Les chiens domestiques s'adaptent parfaitement, pour la plupart, à la vie de la famille humaine, mais il arrive parfois qu'un mâle devienne un vrai poison. Il mord les visiteurs sans aucune provocation de leur part, urine dans la maison et refuse obstinément d'obéir aux ordres. Lors des sorties en famille, c'est lui qui promène son maître plutôt que l'inverse. Il s'arrête quand il en a envie, et repart quand bon lui semble. Il résiste obstinément quand on essaie de le tirer par sa laisse. Au moment du repas, il traite son plat par le mépris et il faut le séduire en lui offrant des douceurs. Comment se fait-il qu'un chien familier ait ce type de personnalité?

Aussi pénible soit-elle, la réponse est claire, même si les maîtres de ces chiens ne sont pas toujours prêts à l'entendre. On a simplement laissé les mâles de ce genre devenir les membres dominants de la « meute ». Chaque loup mâle essaie de gagner ce rang dans la meute sauvage, et le chien domestique n'est guère différent de lui à cet égard. Les humains possèdent un gros avantage sur les chiens quand la dominance du « clan » est en jeu : ils sont physiquement plus imposants. Mais si on dorlote trop ces animaux, ils essaieront de s'imposer comme chef de clan. S'ils emportent une confrontation après l'autre, ils aboutiront à la conclusion qu'ils sont en effet devenus les membres dominants du groupe. Cela n'implique pas de vraies batailles avec les maîtres. Le chien peut gagner une confrontation simplement parce qu'il a réussi à imposer sa volonté à ses compagnons humains, quand ils veulent faire une chose et que lui en veut une autre. Au bout d'une longue suite de « victoires » comme celle-là, le chien se considère comme le membre dominant et il se conduit en conséquence. C'est ainsi qu'il se met à uriner à l'intérieur de la maison, pour montrer que c'est *son* territoire, et c'est lui qui décide de « ce qu'on fait » pendant les promenades. Il ne s'agit pas là d'un comportement anormal. Pour un animal dominant, quoi de plus naturel que de prendre la tête quand la « meute » part « à la chasse »? Du coup, il a du mal à comprendre qu'on puisse le contester quand il décide de s'arrêter ou de repartir. En outre, l'une des tâches que lui impose sa position de chef vis-à-vis de ses subalternes – autrement dit, ses compagnons humains – c'est de les défendre contre les agressions de la part des étrangers. D'où ses attaques contre le facteur, le boulanger, ou tout autre visiteur se présentant devant la porte.

Certains dresseurs sont capables de guérir ces chiens difficiles par un cours de dressage spécial : ils sont alors contraints à redevenir des membres subalternes du clan. Mais ce type de traitement, utilisé à l'excès, peut se révéler néfaste. Exiger trop de discipline et d'obéissance d'un chien en fait un animal servile, sans caractère, tellement soumis qu'il perd tout son charme. Le secret, en ce qui concerne les chiens, est de trouver le juste milieu, c'est-à-dire l'équilibre entre un contrôle excessif et autant de liberté que possible.

Pourquoi le chien a-t-il des ergots?

Les ergots sont des vestiges des premiers orteils chez le lointain ancêtre du chien. Lorsque les membres de la famille du chien se sont spécialisés dans la course, au cours de l'évolution de l'espèce, leurs pattes se sont allongées et leurs pieds ont rétréci, passant de cinq orteils à quatre. Le cinquième orteil a carrément disparu des pattes de derrière, chez le chien sauvage, mais ceux des pattes de devant ont survécu, sous forme de vestiges qui ne touchent plus le sol.

Cette forme a permis au loup d'acquérir une vitesse impressionnante. On a enregistré, à plusieurs reprises, 56 à 65 km/h sur une distance pouvant atteindre 400 mètres. On a mesuré des bonds de plus de cinq mètres. Leur endurance, sur de longs trajets, est également remarquable. Des huskies, la race la plus proche du loup primitif, peuvent tirer un traîneau sur plus de trois cents kilomètres en huit heures seulement.

Se spécialiser dans la course à pied a représenté quelques sacrifices par ailleurs. L'aptitude des chiens à grimper et à sauter s'est dégradée à mesure qu'ils amélioraient leur talent de coureur. Mais leur plus grande vitesse et leur endurance dans la poursuite leur ont assuré une formidable efficacité et un succès suffisant pour permettre aux chiens sauvages de survivre en n'importe quel lieu, depuis la chaleur des tropiques jusqu'aux déserts de glace.

Les ergots devraient donc être en voie de disparition,

conséquence de ce que les canidés sont devenus des champions sur piste. Pourtant, si tel est le cas, il semble curieux que plusieurs races de chiens domestiques aient plutôt l'air d'inverser la tendance. On pourrait croire que le chien moderne, encore plus éloigné de l'ancêtre canin primitif que les loups ou les dingos, aurait perdu ses ergots, le « pouce » de ses pattes de devant disparaissant après le « gros orteil » de ses pattes de derrière. Mais on assiste en fait au processus inverse. Nombre de races de chiens modernes sont équipées de leurs quatre ergots. Ceux des pattes postérieures, qui ne sont jamais aussi solides ni aussi bien implantés que ceux des antérieures, ne comprennent qu'une griffe et un os indépendants, lâchement rattachés au pied par un petit bout de peau. Mais leur seule présence signifie un revirement dans l'évolution du chien. Les races qui possèdent ces griffes-ergots aux pattes de derrière, même si ce ne sont plus que des vestiges, sont plus proches, à cet égard du moins, du canidé ancestral que le dingo ou le loup. Pourquoi ce retour à l'état primitif?

La réponse est apportée par le processus de la *néoténie,* cette survivance des caractéristiques infantiles chez l'animal adulte. C'est ce qui s'est produit pour les chiens au cours des 10 000 ans de reproduction contrôlée par l'homme. Ils sont, en effet, devenus des loups juvéniles. Ils peuvent s'accoupler, mais ils conservent en grande partie les schémas comportementaux de l'enfance, comme le goût du jeu et l'obéissance aux pseudo-parents, autrement dit le maître. Ils gardent aussi un certain nombre de traits anatomiques du jeune chien, comme les oreilles pendantes que l'on trouve aujourd'hui dans beaucoup de races. Maintenir les ergots supplémentaires fait partie de ce processus.

Si nous avons favorisé, dans diverses races modernes, des traits de plus en plus accusés, celles-ci, par d'autres aspects, sont plus primitives que le loup hautement spécialisé, duquel tous proviennent. En d'autres termes, lorsque nous nous sommes mis en devoir de convertir le loup en chien, nous avons, du même coup, retardé et avancé la pendule.

Comme les éleveurs, d'une manière intuitive, sentent qu'il y a quelque chose de troublant dans la présence de ces ergots, ils en recommandent l'ablation lorsque les chiots ont entre trois et six jours. Ils y voient une « tendance contre la spécialisation » et préfèrent intervenir. On avance comme prétexte que ces griffes résiduelles se prennent dans les broussailles et s'arrachent. Étant donné qu'elles sont à l'intérieur des pattes et au-dessus du sol, c'est là un accident tout à fait improbable et une excuse grossière. Mais la pulsion inconsciente d'« affiner » les pattes des chiens est suffisamment forte pour négliger ce fait. (Hormis chez certaines races spécifiques, comme le briard et le chien de montagne des Pyrénées, dont il faut conserver les griffes-ergots des postérieures pour respecter les standards de la race.)

Pourquoi y a-t-il des chiens qui courent après leur queue?

On peut voir, de temps à autre, un chien tourner en rond à toute vitesse, pour attraper sa queue. Il claque les dents en direction de celle-ci, qui lui échappe, puis tourne dans une ronde folle, tant et si bien qu'il finit par être désorienté et avoir le vertige. Pour l'observateur humain, ce qui a commencé comme un moment de folie divertissante pour le chien et paraissait n'être qu'un simple amusement devient finalement quelque chose d'embarrassant. On a l'impression d'assister à un stéréotype qui est devenu une anormalité du comportement, plutôt qu'à un jeu sur un mouvement rythmé. Cette interprétation n'est malheureusement pas très éloignée de la vérité, car la persistance de ce type d'activité est généralement une défaillance des chiens que l'on a gardés dans des conditions d'ennui anormales.

Les chiens sont des êtres sociaux, dotés d'une grande curiosité exploratoire. S'ils sont privés de compagnie, tant humaine que canine, ou s'ils sont enfermés dans un environnement restreint ou monotone, ils souffrent. La pire punition mentale, pour un chien, c'est d'être enfermé seul dans un espace confiné où rien ne change. Ce genre de mésaventure arrive rarement au chien domestique, à moins qu'il n'ait eu le malheur de tomber entre des mains particulièrement cruelles. Mais les chiens sauvages, dans les zoos, ont souvent été mis dans des cages petites, étroites, vides, condamnés à l'isolement à vie. L'observation de ces animaux montre qu'ils finissent souvent par avoir des « tics » et des actes stéréotypés, comme se mordre la patte, se mordiller la queue, tordre le cou, marcher de long en large et d'autres schémas de comportement répétitifs nuisibles. Ces tics deviennent parfois si féroces que les chiens finissent par se mordre eux-mêmes et se causent de véritables plaies qui restent ouvertes. Ce type d'auto-punition peut sembler destructeur, mais il a l'avantage de procurer une stimulation intense dans un monde qui n'est plus pour l'animal que les limbes insupportables de l'ennui. Courir après sa queue est une forme adoucie de ce type de comportement.

Cette activité se rencontre souvent chez un chiot récemment séparé de ses compagnons de portée. Transféré dans une nouvelle maison, il se trouve subitement privé de tous les jeux en corps à corps qui caractérisent une joyeuse portée et il cherche de nouvelles formes de stimulation. Si ses maîtres ne jouent pas suffisamment avec lui, le chiot aura peut-être du mal à s'inventer de nouveaux « jeux ». C'est alors que la queue devient le meilleur « compagnon » disponible. Il n'y a aucun mal à cela, à condition que cette manière de tourner en rond ne devienne pas une névrose obsessionnelle. Nombreux sont les chiots solitaires qui pratiquent cet acte pendant une période et en perdent l'habitude. En revanche, si ce geste persiste chez le chien adulte, il est le signe d'une défaillance dans l'environnement du chien, et d'un grand besoin d'interaction sociale et d'aventure. Il peut facilement se guérir en améliorant simplement ces deux aspects de la vie de l'animal.

Seule exception à cette règle : si le chien souffre d'une irritation rebelle dans la région de la queue, comme des glandes anales gonflées ou une douleur durable provenant d'une queue mal amputée. Mais, dans ces cas-là, d'autres réactions, plus spécifiques, sont censées se produire, comme traîner son arrière-train sur le sol ou se mordiller la région de la queue.

Pourquoi y a-t-il des races de chiens aussi petites?

Quelles que soient leurs origines, les races de petits chiens restent très prisées aujourd'hui, car ces animaux font de parfaits substituts d'enfants. Des chiens plus gros constituent de merveilleux compagnons pour les longues promenades et ils procurent à leur maître le plaisir de disposer d'un subalterne obéissant qui, dès qu'on lui dit « debout », « assis », ou « va chercher », obéit aux ordres. Mais il leur manque d'importantes qualités puériles. Peut-être leur tempérament enjoué et affectueux est-il juvénile, mais il n'est pas enfantin. Pour éveiller, chez leurs maîtres, des sentiments maternels, les chiens doivent transmettre un certain type de signaux, et c'est là que les petites races entrent en scène.

Pour comprendre ce mécanisme, il est nécessaire de considérer les différents attributs du bébé humain, qui exercent un attrait particulier sur ses parents aimants. Tout d'abord, il ne pèse qu'une partie du poids de l'adulte : quelque trois kilos à la naissance, six à cinq mois, et une dizaine à un an. Cette particularité, ajoutée à sa petite taille, permet de le prendre aisément, de le porter, de le serrer dans ses bras. Son corps a une forme plus arrondie et moins anguleuse que celui des adultes humains, et il est plus doux au toucher. Son visage est plus plat et ses yeux sont proportionnellement plus grands. Il a une voix haut perchée.

Si nous passons des bébés humains aux petits chiens,

nous remarquons que ces derniers remplissent un certain nombre des critères de charme du nourrisson et que certaines races, comme le pékinois, répondent à tous. En ce qui concerne le poids, on peut distinguer trois groupes. Les chiffres étant approximatifs, ils se répartissent comme suit :

1. Chiens pesant le poids d'un nouveau-né humain : chihuahua (1,8 kg), bichon maltais (2,2 kg), loulou de Poméranie (2,7 kg), yorkshire-terrier (3 kg), griffon (4 kg).

2. Chiens pesant le poids d'un nourrisson de cinq mois : pékinois (5,5 kg), shih tzu (6 kg), king-charles spaniel (6,5 kg), carlin (7 kg).

3. Chiens pesant le poids d'un nourrisson humain d'un an : teckel (9,5 kg), corgi (10 kg).

Ces chiens ont le poids idéal pour qu'un être humain « parental » puisse le prendre dans ses bras et le porter. Plusieurs de ces races sont plus arrondies et plus douces que d'autres, plus grandes, ce qui en fait l'objet idéal à caresser et à « bichonner ». Presque toutes possèdent une face plus aplatie que celle des gros chiens, et certaines ont subi un élevage sélectif pour donner une platitude extrême qui se rapproche du profil du bébé humain. Le griffon, le carlin et le pékinois font partie de cette catégorie. Plusieurs d'entre eux ont des yeux immenses, saillants, caractéristiques des nouveau-nés humains. En raison de leur petite taille, ils ont une voix beaucoup plus aiguë que les races plus imposantes.

Ces divers éléments réunis signifient que les races plus petites (dont une tranche seulement a été mentionnée ici) émettent, malgré eux, de puissants signaux puérils à l'adresse de leurs maîtres, dont les réactions parentales innées se déclenchent automatiquement, les rendant plus aimants, plus protecteurs et plus attachés, sur le plan émotionnel, à leur animal familier. Il ne s'agit nullement de critiquer ce type de relations. Certains experts ont jugé sévèrement un tel débordement d'amour humain pour des membres d'une autre espèce. Pour eux, les soins parentaux des humains devraient être réservés exclusivement aux petits humains et surtout pas « gaspillés » ailleurs. Mais, curieusement, ceux qui défendent de pareilles idées ne sont pas eux-mêmes de très bons parents, en général. C'est probablement leur sentiment de culpabilité qui les fait réagir ainsi. Ceux qui prodiguent leurs soins à des petits chiens ont souvent été de si bons parents pour leurs enfants qu'il leur reste un trop-plein d'amour parental qu'ils veulent pouvoir encore exprimer. D'autres, pour une raison ou une autre, n'ont pas d'enfants. Dans tous ces exemples, les relations entre propriétaire humain et petit chien ont la potentialité d'être mutuellement très satisfaisantes.

Certaines des races naines semblent avoir commencé comme chiens de compagnie dès le départ, alors que d'autres doivent leur taille réduite à différentes raisons. Les terriers, par exemple, comme leur nom l'indique, sont des « chiens de terre », élevés à l'origine pour déterrer les nuisibles dans leurs terriers. Il est indispensable, dans cette perspective, que le corps du chien soit petit : le terrier idéal, disait-on, est celui qui « pénètre sous la terre avec une grande violence ». Ensuite, après avoir été élevé pour cette activité où ils se montraient pleins d'endurance et de zèle, les terriers se firent une place dans les expositions canines et comme chiens familiers. Bien vite, leur taille réduite leur fut un nouvel atout pour occuper d'autres fonctions, moins rudes.

Pourquoi certaines races de chiens sont-elles aussi courtes sur pattes?

Deux besoins différents s'exercent ici. L'un est celui, pratique, de chiens assez bas sur pattes pour qu'on puisse les lancer dans les terriers à la suite d'une proie souterraine. Le teckel est l'exemple classique de ce type de chiens. Cette race, dont le nom d'origine, dachshund, signifie « chien à blaireau », a été produite en Allemagne pour poursuivre les blaireaux au fond de leurs terriers et les y attaquer. Diverses sortes de terriers ont également vu leurs pattes raccourcir sur le plan génétique grâce à un élevage sélectif, toujours lié à cette même idée de galeries souterraines.

D'autres races, comme le pékinois oriental, ont eu la longueur de leurs pattes réduites au cours du processus qui visait, pour ces chiens, à « faire bébé ». En raison de leur fonction d'animal familier dont le rôle est de tenir lieu de substituts d'enfants, on a réduit non seulement leur taille, mais aussi leurs pattes, pour les doter de la touchante maladresse du petit enfant qui apprend à marcher. Pour ceux-là, impossible de bondir avec élégance sur le sol. Ils se contentent de se dandiner avec l'air sérieux et concentré du gamin qui commence à marcher et essaie de résoudre avec dignité un problème à l'insondable mystère : comment se rend-on du point A au point B sans tomber?

En raison de l'aspect moins athlétique du chien d'agrément bas sur pattes, il s'ensuit que toute race à courtes pattes, même celles produites à l'origine pour pénétrer dans les terriers, aura son propre charme comme chien de compagnie. C'est pourquoi beaucoup de races de terriers sont devenues fort prisées dans un rôle non laborieux, tout comme les teckels. Malgré leur infirmité génétique, pour ce qui est de la course rapide et de la poursuite, ils ont conservé la même ardeur combative, le même enthousiasme pour la vie que les gros chiens. En réduisant leur corps, on n'a nullement porté atteinte à leur énergie ou à leur obstination. Pour leurs maîtres, c'est précisément ce mélange entre le tempérament d'un gros chien et le handicap physique de celui qui trottine en se traînant au ras du sol qui confère à ces races pleines de cran leur charme particulier.

Pourquoi tant de races de chiens ont-elles les oreilles tombantes?

Les oreilles tombantes n'existent, chez les chiens sauvages, que lorsqu'ils sont très jeunes. Chez les chiens domestiques, elles sont devenues une caractéristique juvénile qui a survécu à l'enfance. C'est une autre manière pour le chien de confirmer qu'il est un « loup infantilisé ». Toutefois, de même que beaucoup de chiens domestiques ont les oreilles dressées comme celles du loup, il est clair que les oreilles tombantes ne sont pas un trait inévitable du processus de la domestication. Alors, pourquoi les a-t-on maintenues et multipliées dans un aussi grand nombre de races différentes?

Il semble qu'il y ait trois réponses à cette question. Tout d'abord, posséder des oreilles tombantes implique, de manière évidente, pour le propriétaire, que la détection directionnelle du son se trouve altérée. Quand un chien aux oreilles dressées écoute des bruits éloignés, il tourne et pointe ses oreilles larges et droites pour localiser le moindre bruissement ou murmure. Même si les chiens à oreilles tombantes peuvent posséder une ouïe très fine, ils ne détecteront jamais aussi bien la direction précise d'un son faible. On prétend que cette faiblesse a été délibérément accentuée chez diverses races de chiens de chasse qui étaient censés travailler uniquement à la vue et l'odorat, et dont on craignait qu'ils ne se laissent distraire par des bruits lointains étrangers. Les oreilles les plus tombantes sont, bien entendu, celles d'un fin limier au flair exceptionnel : le bloodhound, ou chien de Saint-Hubert.

Autre charme des longues oreilles, elles donnent aux chiens en question l'air plus docile. La plupart des gens se rendent compte qu'un chien en colère dresse les oreilles, les pointe impétueusement, alors qu'un chien subalterne a les oreilles aplaties contre sa tête en signe de son rang social inférieur. Même si cette différence dans la position de l'oreille n'a pas été analysée consciemment, un chien aux oreilles tombantes donne l'impression d'être moins féroce qu'un autre.

Enfin, il y a l'aspect anthropomorphique. Les humains n'ont pas des oreilles dressées qui pointent au-dessus de leur tête. En revanche, ils portent souvent les cheveux longs, qui tombent de chaque côté du visage. Autrement dit, de longues oreilles pendantes ressemblent, au premier regard, aux boucles de certaines coiffures. Les races à la longue fourrure soyeuse, comme le lévrier afghan, dont le poil est long et doux, ont un air encore plus humain, ce qui les rend d'autant plus attachants aux yeux de leurs maîtres.

Pourquoi, pour certaines races, écourte-t-on la queue des chiens?

Le fait que beaucoup d'éleveurs s'obstinent à procéder à l'amputation de la queue des chiots de race, en dépit de l'hostilité croissante de la part de critiques de plus en plus divers et nombreux, appelle des éclaircissements. Qui est à l'origine de cette pratique bizarre et pourquoi a-t-on jugé cette forme particulière de mutilation nécessaire sinon souhaitable?

Tout d'abord, en quoi consiste précisément la caudectomie? C'est l'ablation chirurgicale d'une partie ou de la totalité de la queue d'un chien, effectuée normalement à l'aide de ciseaux tranchants, lorsque le chiot est âgé de quatre jours. On tient fermement la peau de la queue juste au-dessus de l'endroit où l'on va intervenir et on la tire vers le haut contre le corps du chiot, de sorte que, après l'amputation, un petit excédent de peau retombe et vienne recouvrir le bout du moignon. Cette manière de faire réduit les saignements et accélère la cicatrisation. On éloigne la chienne des alentours pendant l'opération, pour qu'elle ne puisse pas entendre les piaulements de ses petits. Après l'amputation de la queue, on rend les chiots à leur mère qui, le plus souvent, lèche les moignons de queue, puis se couche pour nourrir sa portée. Dans de rares cas, il arrive que le chiot meure par suite du choc opératoire ou d'une hémorragie. Mais la grande majorité s'en remet fort bien et s'active bientôt à la mamelle.

On estime à 50 000 environ par an le nombre des

caudectomies effectuées en Grande-Bretagne au cours des dernières années, et cela, malgré l'opposition de la RSPCA, la S.P.A britannique, qui a fait campagne pour que l'opération soit déclarée illégale; du Council of the Royal College of Veterinary Surgeons, l'ordre des chirurgiens-vétérinaires, qui considère que la caudectomie est une « mutilation injustifiée »; du Conseil de l'Europe, qui réclame à présent qu'on interdise les opérations qui ne relèvent pas de la santé du chien; et du gouvernement britannique lui-même, qui appuie la position du Conseil de l'Europe. Plus de quarante races sont concernées, depuis l'énorme bobtail jusqu'au minuscule yorkshire-terrier.

Les éleveurs rétorquent, de leur côté, que s'ils continuent de pratiquer cette « coutume barbare », comme on appelait déjà la caudectomie en 1802, c'est à cause des standards de la race reconnus par les expositions canines, qui exigent que les chiens en question aient la queue écourtée : sans ce trait particulier, leurs chiots n'auraient pas la moindre chance de disputer un titre dans une exposition. Devant une demande croissante pour qu'on change cet état de fait, un responsable du Kennel Club, la société centrale canine anglaise, a déclaré récemment en public que la caudectomie devait être une affaire de choix individuel, et qu'il ne fallait pas pénaliser un chien dans un concours parce que sa queue n'avait pas été écourtée, quels que soient les standards traditionnels de la race. Ainsi, parler de mode, de beauté et du profil de la race ne peut plus même se faire aujourd'hui avec le soutien officiel des responsables des expositions canines britanniques, un abandon qui laisse le bec dans l'eau les irréductibles partisans de cette pratique. En désespoir de cause, ils se sont mis en quête d'autres arguments en faveur de cette ancienne pratique. Au cours d'un débat public, deux éleveurs ont déclaré que la caudectomie éviterait plus tard que les chiens ne s'abîment la queue dans des bagarres. Cela revient à dire que si on coupait les pieds d'un homme, on lui éviterait de se cogner le gros orteil.

Un autre motif invoqué également avec le plus grand sérieux concerne les chiens de travail, qui risquaient de s'arracher la queue dans les broussailles. Un chirurgien-vétérinaire a répondu que c'était « de la rigolade ». Mais, en dépit de ce jugement éclairé, ce type d'argument a une longue histoire. Au temps jadis, quand les chiens étaient censés gagner leur pitance, on avait tendance à affirmer qu'il était préférable, pour les chiens de travail, de n'avoir qu'un petit moignon à la place de la queue. Les terriers, qui sont le premier groupe concerné par la question, se voyaient ainsi épargner l'horreur de se faire mordre la queue par les rats, lorsqu'ils partaient en mission contre les nuisibles. Cette histoire ne tient pas plus la route que les autres, mais on y a cru pendant des années.

Comme les chiens de travail étaient, autrefois, exemptés de la taxe sur les chiens de luxe, on écourta la queue d'un certain nombre de ces malheureux : c'était un moyen de ne pas payer. A l'époque où cette pratique s'est répandue, chaque village ou presque possédait son « coupeur de queues », qui, pour une somme modique, arrachait la queue du chiot d'un coup de dents.

On a du mal à imaginer comment, au départ, quelqu'un a pu concevoir cette aberration : amputer la queue d'un chien. Comment est née cette idée? La plupart des textes sur la question affirment que son origine réelle « se perd dans la nuit des temps ». Heureusement, pour une fois, tel n'est pas le cas. Des savants, en quête du plus vieux livre au monde sur les chiens, ont découvert qu'il y en a eu un, écrit par un agriculteur romain appelé Columella, qui a vécu au milieu du premier siècle avant notre ère. Il recommandait de couper avec les dents la queue des chiots âgés de quarante jours et de retirer les tendons afin de protéger l'animal contre la rage. Cette précaution surprenante s'expliquait par une idée fausse : on croyait que la rage était provoquée par des vers se trouvant à l'intérieur du corps du chien. Si on mordait la queue d'un chien pour l'arracher, les tendons des muscles de la queue qui ressortaient ressemblaient à un grouillement de vers blancs tout luisants. Or, ce sont précisément ces tendons à l'aspect sinistre qui furent la cause de l'ablation de millions de queues de chiots dans les siècles qui suivirent. Avec le temps, d'autres raisons vinrent remplacer la première, mais, d'ores et déjà, cette amputation avait réussi à s'imposer comme faisant normalement partie du savoir-faire en matière de chiens. Comme tant de traditions, la pratique était assez solidement ancrée pour survivre à sa destination première.

L'inconvénient que présente la caudectomie nous apparaît aujourd'hui on ne peut plus évident. En effet, elle nuit au système important des signaux dépendants de la queue, si essentiels lors des contacts sociaux du chien. Ajoutez à cela la cruauté de l'intervention elle-même, et nul ne s'étonnera de l'acharnement des démarches qui ont été entreprises pour interdire cette pratique superstitieuse qui remonte à l'époque de l'ancienne Rome.

Pourquoi y a-t-il des chiens qui détestent certains étrangers plus que d'autres

Les chiens sont presque toujours méfiants à l'égard des étrangers qui entrent chez leurs maîtres, et ils leur réservent inévitablement un accueil généreux en aboiements et reniflements. Certains ont le chic pour les calmer rapidement, alors que d'autres semblent incapables d'en faire autant et risquent même de se faire mordre plus ou moins fort. Quelle différence y a-t-il entre les uns et les autres de ces visiteurs?

C'est surtout dû aux mouvements corporels du nouveau venu. Les uns ont des mouvements qui coulent naturellement, leurs gestes ont quelque chose de doux, de fluide. Les autres, par nature, sont plutôt nerveux, avec des gestes saccadés. Ils ont tendance à faire des mouvements rapides, hésitants, qui risquent d'éveiller l'agressivité du chien, car c'est le genre de gestes qui se manifestent lors de rencontres hostiles ou tendues entre chiens.

Pour peu que la personne agitée, contractée, ait en plus peur des chiens, son compte est bon, car elle va se mettre à faire des mouvements saccadés de *retraite*. Ce sont là des signaux pour le chien qui, aussitôt, va avancer, peut-être même attaquer. Reculer devant un chien qui aboie, ou effectuer un mouvement rapide de dérobade, cela suffit pour que le chien sente qu'il a le dessus et réagisse en conséquence.

En revanche, celui qui « s'entend bien avec les chiens » a tendance à répondre aux salutations par des salutations, s'en approche au lieu de s'en éloigner, puis leur propose en douceur un contact manuel. Ce comportement peut transformer, en l'espace de quelques secondes, un chien très bruyant en un toutou ravi, battant de la queue et quémandeur de caresses. Ensuite, lorsque la cérémonie des présentations est terminée, le chien se détendra et ne s'immiscera plus dans l'espace du nouveau venu. Cela ne marche, toutefois, qu'avec les chiens qui aboient, ou sautent tout en remuant la queue. En revanche, si le chien qui vous accueille devant l'entrée reste raide, en grognant ou en montrant les dents, tout en vous fixant du regard, le seul recours valable est de rester immobile et de ne rien faire – ne pas avancer ni reculer –, en espérant que le propriétaire du chien va venir à la rescousse. Chez ce genre d'animal, le niveau d'agressivité est tel qu'il est dangereux de faire le moindre geste, et l'immobilité absolue est le meilleur moyen pour diminuer votre impact visuel sur l'animal. Si vous êtes seul et que le chien vous paraît vraiment d'une humeur inquiétante, un petit cri plaintif ou un gémissement de chiot peut détendre la situation en éveillant chez le gardien du foyer des sentiments protecteurs de parent. Mais c'est sans garantie, car vous appartenez à un « clan étranger », donc on ne peut vous faire confiance. Heureusement, ces formes extrêmes d'hostilité dans l'accueil sont rares, à moins que le chien n'ait subi un dressage spécial pour attaquer les intrus. La majorité des chiens aboient et sautent dans tous les sens quand un visiteur se présente, et sont prêts à se laisser embobiner par le premier venu, pourvu qu'il ne soit pas le dernier des cynophobes.

Les chiens ont-ils un sixième sens?

Absolument, mais peut-être pas de la manière qu'on croit en général. Il n'y a rien de surnaturel dans la sensibilité canine. Tout peut s'expliquer par des mécanismes biologiques, encore que nous commençons tout juste, il est vrai, à comprendre certains d'entre eux.

Ainsi, les chiens peuvent retrouver de très loin le chemin du retour, en traversant une zone qui ne leur est pas familière. C'est là un don qu'ils partagent avec les chats et maintes espèces animales. Il semble dépendre d'une évaluation de subtiles différences et variations dans le champ magnétique terrestre. Sur le plan expérimental, comme cette aptitude peut être altérée par la présence de puissants aimants, nous savons que cette idée n'est pas purement imaginaire. Mais nous en sommes toujours au stade de l'exploration pour savoir comment le corps parvient à accomplir les étonnantes prouesses de navigation répertoriées à maintes reprises d'une manière tout à fait objective.

Les chiens ont la faculté également de pressentir les tremblements de terre et les orages. Quand un orage se prépare, ils sont parfois dans un état de frayeur intense tel qu'ils se mettent à haleter et à courir à travers la maison. Ils peuvent même commencer à gémir et à trembler comme s'ils avaient mal. Leur détresse s'aggrave lorsque le tonnerre éclate, mais on peut remarquer que cette amplification intervient quelque temps avant que le tonnerre n'éclate juste au-dessus de nos têtes. Cette sensibilité est une réaction aux changements de pression atmosphérique et peut-être aussi aux variations du niveau d'électricité statique. Si ce comportement nous paraît aujourd'hui un non-sens, chez les ancêtres sauvages du chien, rien n'était plus sensé justement que de s'inquiéter de ces signaux météorologiques. Les loups se donnent beaucoup de mal pour choisir un emplacement pour leurs terriers et leurs tanières. Ils les construisent sur des pentes, où le risque d'inondation sera réduit au minimum; malgré cette précaution, des pluies torrentielles peuvent être catastrophiques pour des petits louveteaux. Peut-être les chiens domestiques qui parcourent, inquiets, la maison lorsque le tonnerre gronde expriment-ils par l'action le comportement des louveteaux qui réagissent à une menace d'inondation.

Il arrive, fort rarement du reste, que des maîtres vous affirment que leur chien a « vu un fantôme ». Par une nuit d'été, ils sortent promener leur chien familier, ils traversent un champ et, là, le chien s'arrête et se fige. Les pattes raidies, il a le regard fixé dans le vide, tandis que son poil se hérisse sur ses épaules et s'aplatit sur son dos. Il se met alors à montrer les dents, à grogner, peut-être même à gémir, mais il refuse de bouger d'un pouce quand son maître essaie de le faire avancer. Puis, aussi brusquement qu'il a commencé, son comportement change et il poursuit son chemin comme si de rien n'était. Quiconque a jamais été témoin d'un tel spectacle n'oublie pas aisément l'intensité de la réaction du chien. On comprend sans mal pourquoi les gens disent que l'animal « a vu un fantôme ». Sans doute, en réalité, le chien a-t-il repéré une odeur particulièrement forte, émanant non pas d'un autre chien mais d'une autre espèce animale, comme un renard ou un putois. Le caractère curieux de cette odeur et sa force, pour le nez sensible du chien, suffisent à expliquer l'intensité de sa réaction.

Le fameux « sixième sens » du chien vient de connaître une de ses revendications les plus surprenantes. Une équipe de chercheurs a récemment signalé qu'elle avait découvert des détecteurs à infrarouge dans le nez de cet animal. Voilà qui tomberait à pic pour éclaircir des aptitudes, autrefois considérées comme « surnaturelles », de certaines races. Par exemple, le saint-bernard a la réputation de pouvoir sentir, en flairant simplement la neige, si un alpiniste enterré sous une avalanche est vivant ou mort. Mais s'il a effectivement des détecteurs de chaleur dans le nez, on ne peut plus considérer que cette idée est tirée par les cheveux. En outre, on sait depuis longtemps que de tels récepteurs de chaleur existent dans le museau de certaines espèces de serpents, qui s'en servent pour détecter la présence de petites proies à sang chaud. Le seul fait qu'ils existent dans le règne animal renforce la crédibilité de leur existence chez les chiens.

Pourquoi dit-on qu'un chien « hurle à la mort » ?

Depuis les temps les plus reculés, il existe une superstition : quand un chien pousse des cris inusités, il annonce une mort imminente ou une catastrophe. Autrement dit, il « hurle à la mort ». Le chien était censé posséder des pouvoirs surnaturels lui permettant de prédire l'avenir, surtout lorsqu'un malheur se préparait. En dépit de ce don, le chien ne s'est jamais vu reprocher les événements qui s'ensuivaient, pas plus qu'on ne l'a jamais considéré comme une créature néfaste à cause de son rapport avec la mort. Au contraire, on le tenait pour « le meilleur ami de l'homme », qui essayait de toutes ses forces de prévenir ses maîtres contre un danger qui le menaçait.

Repoussant l'explication qui fait intervenir le surnaturel, un spécialiste a exposé une théorie nouvelle : les chiens en question avaient la rage. Quand un chien est atteint de cette maladie, il hurle, geint, émet des sons curieux qui ne peuvent passer inaperçus. Si le chien contaminait son maître, qui en mourait, on avait tôt fait de raconter alentour que le maître avait rendu l'âme peu de temps après que son chien eut fait entendre des bruits inhabituels. A une époque où on était loin d'avoir compris les principes de la transmission des infections, on voit sans peine comment on a pu prendre pour un présage le lien entre les pleurs du chien et la mort de l'homme.

Pourquoi appelle-t-on « hot-dog » une saucisse dans un petit pain?

En dépit de son nom, ce n'est pas vrai que le hot-dog a contenu autrefois de la viande de chien, même si le bruit a couru, il y a fort longtemps, ce qui en a sérieusement fait chuter les ventes. On doit le hot-dog (littéralement : « chien chaud ») à un Américain, Harry M. Stevens. Cet homme, qui vivait au tournant du siècle, devait assumer la lourde tâche de nourrir les foules prodigieuses qui venaient se presser au stade de New York pour applaudir l'équipe de football, les New York Giants. Les saucisses de Francfort chaudes étaient très en vogue, à l'époque, mais, telles quelles, elles étaient trop malcommodes à manger pour qu'on les distribue sur les gradins. C'est alors qu'il eut l'idée géniale de les glisser à l'intérieur de petits pains longs et chauds. Le succès fut immédiat, et bientôt, des vendeurs déambulèrent autour du stade pour proposer leur nouvelle spécialité. Au début, on les appela *red-hots* (piquants rouges), car, en plus des saucisses fumantes et du pain chaud, Stevens avait ajouté une bonne dose de moutarde forte. Puis, en 1903, le célèbre caricaturiste sportif Tad (T.A. Dorgan, de son vrai nom) fit un dessin représentant un teckel fourré dans un petit pain, en soulignant que tous les deux étaient longs, rouges et allemands. C'est à lui qu'on doit le nom de « hot-dog », qui devint rapidement populaire. Malheureusement, ce dernier pas eut des retombées inattendues. En effet, quelqu'un demanda si cela voulait vraiment dire que de la viande de chien entrait dans la fabrication des saucisses, et les ventes chutèrent rapidement. La situation devint si grave que la Chambre de commerce locale dut publier un décret interdisant officiellement l'emploi de l'appellation « hot-dog » dans toute publicité. Mais quand un nom est destiné à durer, il n'y a rien à faire, et le « chien chaud » entra bientôt dans le langage courant des Américains. Aujourd'hui, le « chien chaud » a fait le tour du monde.

Table des matières

CET OUVRAGE
A ÉTÉ COMPOSÉ
ET ACHEVÉ D'IMPRIMER
PAR L'IMPRIMERIE FLOCH À MAYENNE
LE 31 MARS 1987
(25290)
POUR LE COMPTE DES
ÉDITIONS CALMANN-LÉVY, 3, RUE AUBER
PARIS-9e – No 11266/01
DÉPÔT LÉGAL : MARS 1987